Kombi Buch Deutsch

1|2 Themenheft 2
Rechtschreibung und Grammatik

Herausgegeben von
Gottlieb Gaiser

Erarbeitet von
Kerstin Dambach
Amra Munir
Andreas Ramin

C. C. Buchner

Liebe Schülerin, lieber Schüler,

mit dem vorliegenden Arbeitsheft kannst du selbständig Rechtschreibung und Grammatik üben und wiederholen. Damit du gezielt und erfolgreich arbeiten kannst, beachte die folgenden Hinweise:

- Fast jede Aufgabe ist so gestaltet, dass du deine Ergebnisse kontrollieren kannst, ohne im Lösungsteil nachschlagen zu müssen. Lies die Aufgabenstellung deshalb sorgfältig durch. Wenn du die Anweisungen zur Selbstkontrolle befolgst und die Aufgabe richtig gelöst hast, erhältst du ein Bild, ein Lösungswort oder einen Lösungssatz. Bei den Lösungsbildern entstehen zunächst nur Umrisse, die du anschließend farbig ausgestalten kannst. Manchmal musst du auch rechnen, um deine Aufgabe zu kontrollieren.

- Damit du dein Können auch wirklich testen kannst, findest du keine Merkkästen zwischen den Aufgabenstellungen. Natürlich kann man aber im Lauf von zwei Jahren einmal die eine oder andere Regel vergessen. Deshalb haben wir in den Umschlagseiten in knapper Form alle Regeln zum Nachschlagen aufgeführt. Wenn du ausführlichere Erklärungen brauchst, dann schlage noch einmal im Kombi-Buch nach.

Wir freuen uns, wenn dir unsere Übungen Spaß machen,
und wünschen dir ein erfolgreiches Arbeiten.

Kerstin Dambach, Amra Munir und Andreas Ramin

2. Auflage ⁴³²¹ 2010 2009 2008 2007
Die letzte Zahl bedeutet das Jahr des Druckes. Alle Drucke diese Auflage sind, weil untereinander unverändert, nebeneinander nutzbar.

Dieses Werk folgt der reformierten Rechtschreibung und Zeichensetzung.
Ausnahmen bilden Texte, bei denen künstlerische, philologische oder lizenzrechtliche Gründe einer Änderung entgegenstehen.

© C. C. Buchners Verlag, Bamberg 2004. Das Werk und seine Teile sind urheberrechtlich geschützt. Jede Verwertung in anderen als den gesetzlich zugelassenen Fällen bedarf deshalb der vorherigen schriftlichen Genehmigung des Verlages. Das gilt insbesondere auch für Vervielfältigungen, Übersetzungen und Mikroverfilmungen. Hinweis zu § 52 a UrHG: Weder das Werk noch seine Teile dürfen ohne vorherige schriftliche Einwilligung des Verlages öffentlich zugänglich gemacht werden. Dies gilt auch bei einer entsprechenden Nutzung für Unterrichtszwecke.

www.ccbuchner.de

Einband: Artbox Grafik & Satz GmbH, Bremen
Layout, Satz und Lithos: tiff.any GmbH, Berlin
Illustrationen: Heimo Brandt – Design Thing, Berlin
Druck- und Bindearbeiten: Graph. Großbetrieb Friedrich Pustet, Regensburg

ISBN 978-3-7661-3942-9

Inhaltsverzeichnis

● Rechtschreibung 4
- Gleich- und Ähnlichklinger 4
- Dehnung 15
- s-Laute 17
- das oder dass? 20
- Schärfung 22
- Groß- und Kleinschreibung 24
  - Zeitangaben 24
  - Adjektive in Eigennamen 25
  - Substantive und Substantivierungen ... 28
- Silbentrennung 31
- Zeichensetzung 32
  - Das Komma bei Aufzählungen 32
  - Zeichensetzung in Wörtlicher Rede ... 32

● Grammatik 33
- Wortarten 33
  - Substantive 33
  - Adjektive 37
  - Adverbien 39
  - Pronomen 40
    - Personalpronomen 40
    - Possessivpronomen 41
  - Präpositionen 42
  - Verben – Teil I 43
  - Verben – Teil II 48
  - Verben – Teil III 51
- Syntax 54
  - Prädikat 54
  - Subjekt 55
  - Objekte 56
  - Adverbiale 59
- Attribute 63

Rechtschreibung

Gleich- und Ähnlichklinger

1. In dem Buchstabengitter verstecken sich waagerecht und senkrecht insgesamt zwölf zusammengesetzte Substantive aus der Tierwelt. Suche sie und schreibe sie unten auf. Erkläre dir die Schreibung der Wortbestandteile mit b/p, d/t, g/k, indem du die Substantive zerlegst und den entsprechenden Wortbestandteil verlängerst: Setze dazu Substantive in den Plural, bilde zu Verben den Infinitiv, steigere Adjektive oder suche verwandte Wörter.

A	K	M	N	O	W	R	T	O	P	G	E	I	N	R	W	O
L	N	R	I	E	H	C	V	I	K	O	U	P	U	Z	I	I
P	B	T	P	Q	J	E	P	A	B	L	T	R	E	N	N	M
Z	U	G	V	O	G	E	L	N	M	D	Q	W	S	J	D	X
E	N	L	R	I	N	R	R	E	B	H	U	H	N	K	H	E
I	T	R	T	E	S	C	H	G	R	A	U	S	T	N	U	R
P	S	A	L	B	E	N	T	U	N	M	E	I	E	R	N	O
W	P	E	I	E	L	K	S	T	Z	S	W	A	S	T	D	E
I	E	H	L	R	E	R	A	U	B	T	I	E	R	S	T	E
S	C	H	O	G	T	R	I	E	F	E	L	D	H	A	S	E
E	H	O	L	G	E	R	T	M	A	R	D	I	N	E	N	T
S	T	U	L	O	S	S	T	M	U	T	S	P	E	R	S	T
S	Z	W	E	R	G	K	A	N	I	N	C	H	E	N	E	I
E	L	T	E	I	S	M	U	N	K	L	H	A	U	S	R	A
N	K	L	O	L	I	P	U	P	P	L	W	U	N	D	Z	U
B	I	S	S	L	R	E	I	T	P	F	E	R	D	U	E	T
L	A	N	G	A	R	M	A	F	F	E	I	R	U	D	E	R
O	N	E	U	P	E	T	K	E	U	R	N	T	N	E	T	I

Waagerecht

Versteckt waren die Wörter: Verlängerungsprobe:

_____   _____

_____   _____

_____   _____

_____   _____

_____   _____

_____   _____

Rechtschreibung

Senkrecht
Versteckt waren die Wörter: Verlängerungsprobe:

_____   _____

_____   _____

_____   _____

_____   _____

2. Setze im folgenden Gedicht die fehlenden Tierlaute und Reimwörter ein. Prüfe deine Schreibweise mit der Verlängerungsprobe, indem du unten die eingesetzten Verben im Infinitiv und die eingesetzten Substantive im Plural aufschreibst (ä = ä usw.). Die markierten Felder ergeben in der Reihenfolge der Ziffern zusammengesetzt ein Lösungswort. Achtung: Beim Buchstaben „h" ist kein Tierlaut einzusetzen. Das tun auch „sprachlose" Menschen.

Verdrehte Welt

Wenn eine Nachtigall nicht _____ a, sondern bellt wie ein _____ b

und ein Schaf nicht _____ c, sondern muht aus seinem _____ d,

wenn eine Grille nicht _____ e, sondern klopft wie ein _____ f

und ein Frosch nicht _____ g, sondern _____ h still wie ein Hecht,

wenn ein Vogel nicht _____ i, sondern brüllt wie ein _____ k,

dann muss es wohl sein, dass in einer verdrehten Welt wir sind.

Verlängerungsprobe:

a: __ __ __ __ __   b: __ __ __ __   c: __ __ __ __ __
      2   1   9

d: __ __ __ __   e: __ __ __ __ __   f: __ __ __ __ __ __ __
      5   4   3   12   14

g: __ __ __ __ __   h: __ __ __ __ __
      6   7 13   8

i: __ __ __ __ __   k: __ __ __ __ __ __
      11   10

Lösungswort: ☐ ☐ ☐ ☐ ☐ ☐ ☐ ☐ ☐ ☐ ☐ ☐ ☐ ☐

Rechtschreibung

3. Die Tausendfüßler haben jeweils zwölf Wörter gefressen und ihre Endungen bereits verdaut. Schreibe die Wörter in der Tabelle richtig auf. Achte dabei auf Großschreibung! Hast du b, d oder g ergänzt, so addiere zu der Nummer in der Tabelle die Zahl 2. Hast du p, t oder k ergänzt, so multipliziere die Zahl in der Tabelle mit 2. Du erhältst so zu jedem Lösungswort eine Lösungszahl, die du beide in die Tabelle einträgst. Dann verbindest du die Punkte im Bild auf Seite 7 in der Reihenfolge der Lösungszahlen. Beginne mit der Drei, gehe dann zur Vier usw.

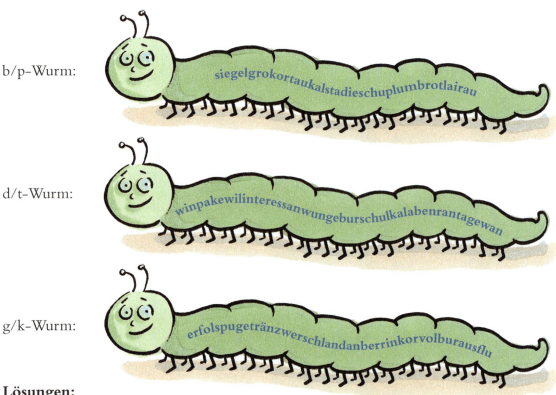

b/p-Wurm: siegelgrokortaukalstadieschuplumbrotlairau

d/t-Wurm: winpakewilinteressanwungeburschulkalabenrantagewan

g/k-Wurm: erfolspugetränzwerschlandanberrinkorvolburausflu

Lösungen:

	b/p-Wurm	Lösungszahl		d/t-Wurm	Lösungszahl		g/k-Wurm	Lösungszahl
1	Sieb	3	13			25		
2	gelb	4	14			26		
3			15			27		
4			16			28		
5			17			29		
6			18			30		
7			19			31		
8			20			32		
9			21			33		
10			22			34		
11			23			35		
12			24			36		

Rechtschreibung

Lösungsbild:

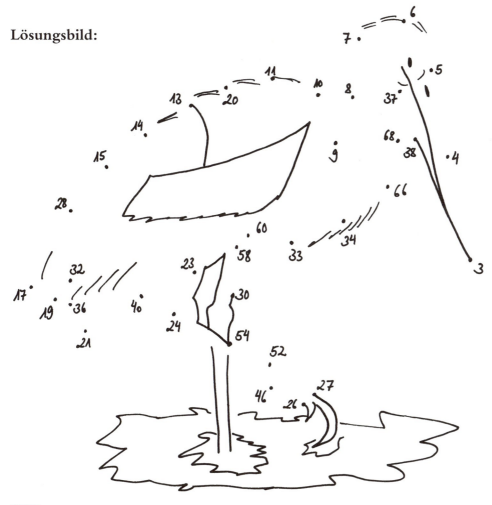

4. Auf die Bedeutung kommt es an! In dieser Aufgabe geht es um Wortpaare, die man leicht verwechseln kann. Die Bedeutung der Wörter entscheidet über die richtige Schreibweise. Setze die passenden Wörter von Seite 8 in die Textlücken ein. Beachte dabei Groß- und Kleinschreibung!
Male im Lösungsbild ebenfalls auf Seite 8 das Feld mit der Zahl aus, die hinter dem von dir eingesetzten Wort steht; du erhältst ein Lösungswort.

Eindrücke von einem Besuch im Zoo

Leider schlagen die Pfauen nur selten ein _____ mit ihren prächtigen Federn.

Die Besucher des Schmetterlingshauses staunen darüber, wie _____ die Muster auf den Flügeln der Schmetterlinge sind.

Der Wasserspiegel des Sees ist wegen der Hitze so stark _____, dass die Bootsanlage heute geschlossen hat.

Im Elefantenhaus hat es Nachwuchs gegeben. Der älteste Elefant wirkt riesig neben seinem

_____ .

Das Raubtierhaus wurde umdekoriert. Die Bilder, die dort letzte Woche noch _____, wurden durch neue ersetzt.

Im _____ schwimmen vier neue Kois, besonders wertvolle japanische Karpfen.

Rechtschreibung

Über das _____ eines Apfelbaumes machen sich gleich mehrere _____ genüsslich her.

Zur Freude der Besucher versucht ein Schimpanse, die gekochten Kartoffeln in seinem Fressen zu _____.

Der Tierpfleger wirft den Pferden frisches Heu in die _____.

Die Giraffen recken ihre _____ Hälse, um an das Futter zu kommen.

Im Insektarium wird auf Schautafeln erklärt, wie der Naturstoff _____ gewonnen wird.

Auf einmal verdunkelt sich der Himmel und eine steife _____ zieht auf. Die Besucher _____ schnell ihre Sachen zusammen und ein schöner Tag geht zu _____.

Wortpaare:

- RAT (12) / RAD (13)
- BUNT (10) / BUND (11)
- HINGEN (26) / HINKEN (27)
- GESUNGEN (16) / GESUNKEN (17)
- SCHLANGEN (20) / SCHLANKEN (21)
- ENGEL (14) / ENKEL (15)
- GRIPPE (34) / KRIPPE (35)
- BRISE (38) / PRISE (39)
- RAUBEN (18) / RAUPEN (19)
- BELLEN (24) / PELLEN (25)
- SEIDE (36) / SEITE (37)
- BLATT (28) / PLATT (29)
- ENDE (32) / ENTE (33)
- BACKEN (30) / PACKEN (31)
- TEICH (22) / DEICH (23)

Lösungsbild:

Rechtschreibung

5. Entscheide über die richtige Schreibung: tot- oder tod-?
Du kannst deine Lösungen selbst kontrollieren, indem du dich in das Labyrinth begibst. Folge den Gängen in der Reihenfolge deiner Einsetzungen. Hast du tot- eingesetzt, wende dich am Ende eines Ganges nach links. Hast du tod- eingesetzt, wende dich nach rechts. Findest du mit deinen Einsetzungen den Ausgang?

Hereinspaziert!

Letzte Woche war ich in einer Zirkusvorstellung. Besonders gut gefallen hat mir die Elefantendressur, auch wenn ich an einigen Stellen Angst hatte, dass die Tiere ihren Dompteur _____trampeln oder _____drücken. Auch bei der Raubtiernummer stockte mir der Atem. Als der Artist mit _____ ernstem Gesichtsausdruck seinen Kopf in das Maul des Löwen steckte, musste ich mich zur Seite drehen, weil ich mich vor Angst _____elend fühlte. Was wohl passiert wäre, wenn der Löwe zugebissen hätte? Ob er dann _____geschossen worden wäre?

Richtig erholsam fand ich dagegen die Clowns. Es waren zwei: Der eine war _____ schick gekleidet und hielt sich für sehr wichtig. Der andere schaute _____traurig aus und gähnte ununterbrochen, als ob er _____müde wäre. Natürlich kam es zwischen den beiden zu etlichen Missverständnissen, über die sich der schicke Clown schier _____ärgerte und über die ich mich hätte _____lachen können.

Schon jetzt freue ich mich auf den nächsten Zirkus, der in unserer Stadt gastiert. Ich werde _____sicher hingehen und bin gespannt, was es an neuen Darbietungen geben wird.

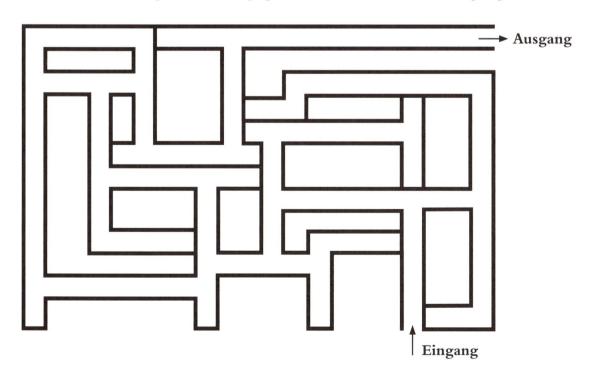

Rechtschreibung

6. Lies den folgenden Text und ergänze die fehlenden Buchstaben. Kreuze deine Ergebnisse im Lösungskasten dünn mit Bleistift an. Überprüfe deine Lösung selbst, indem du das Lösungsbild malst. Dazu musst du die im Lösungskasten angekreuzten Felder im Lösungsbild ausmalen.

Chaos im Aquarium

Die Fische sind _____ßerst [1] aufmerksam. Ein gr_____liches [2] Verbrechen ist geschehen: Franzi ist verschwunden. H_____te [3] Morgen war sie noch da. Dann kam der bl_____liche [4] Kugelfisch Otto. Er hatte eine s_____erliche [5] Miene und wollte Futter. Aber er konnte keine B_____te [6] bekommen, er war zu langsam. Franzi ist eine W_____se [7] im Aquarium, aber sie hat viele Freunde. Manchmal tr_____mt [8] sie davon, aus dem Aquarium zu springen, um mal was anderes zu sehen. Aber vor Otto versteckt sie sich lieber hinter einem B_____mchen [9]. Otto hätte gerne einen R_____cherfisch [10]. Wie gut, denkt Franzi, dass man im Wasser kein F_____er [11] machen kann. Gerade n_____lich [12] wollte Otto schon einen H_____ [13] angreifen, aber er hat es sich noch _____nmal [14] überlegt. Jetzt schwimmt er um die Schl_____se [15] herum, dabei überholt er _____ne [16] M_____te [17] Quallen. Als Otto verschwunden ist, fr_____t [18] sich Franzi, denn sie kann endlich aus ihrem Versteck wieder hervor.

Lösungskasten:

	Lücke																	
	1	2	3	4	5	6	7	8	9	10	11	12	13	14	15	16	17	18
äu	18	35	42	17	31	16	37	12	15	33	40	37	14	10	42	11	40	14
eu	23	19	26	43	24	21	14	42	38	24	28	9	27	38	29	24	39	32
ai	41	10	27	16	11	20	34	10	36	43	11	30	25	36	23	43	16	37
ei	36	38	14	37	40	30	27	19	23	41	16	20	19	22	41	13	20	30

Lösungsbild:

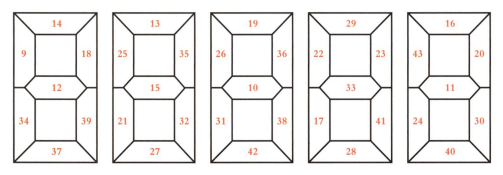

Rechtschreibung

7. Ai oder ei?

Die Entscheidung, mit welchem der beiden Doppellaute geschrieben wird, folgt leider keiner Regel. Deshalb musst du dir die Wörter mit ai, von denen es wenige gibt, besonders gut merken. Sie kommen im folgenden Kreuzworträtsel vor. Die farbig unterlegten Felder ergeben in der richtigen Reihenfolge gelesen und durch einen weiteren Buchstaben ergänzt das Lösungswort. Tipp: Es bezeichnet ein Kind, das keine Eltern mehr hat.

waagerecht
- 2 Fischeier, im Wasser abgelegt
- 6 tropischer Wirbelsturm
- 7 Anlegestelle für Boote
- 8 kein Fachmann
- 9 gelbes Gemüse, Kolbenform
- 10 Ackerbegrenzung

senkrecht
- 1 gefährlicher Raubfisch
- 3 kleiner Wald
- 4 eine Gitarre hat sechs …
- 5 Frankfurt liegt am …
- 7 der Herrscher, wenn er kein König ist
- 8 ein … Brot
- 9 der fünfte Monat im Jahr

Lösungswort:

Rechtschreibung

8. -ig oder -lich?

Setze die fehlenden Wörter ein. Beim Finden der richtigen Wörter helfen dir die Umschreibungen, die du unter dem Text siehst. Tipp: Sie enden entweder auf –ig oder auf –lich. Übrigens: Bei den Hilfen findest du auch Wörter, die auf –ig oder –lich enden. Unterstreiche sie.

Das Rätsel um Philine

Philine ist eine _____ ¹ Schülerin. _____ ² ist sie schon um 6.00 Uhr in der Schule, damit sie auf jeden Fall _____ ³ zum Unterrichtsbeginn da ist. _____ ⁴ hat sie die Hausaufgaben dann schon _____ ⁵. Eigentlich ist sie _____ ⁶, _____ ⁷ und immer _____ ⁸ zu ihren Mitschülerinnen und Mitschülern, so gibt sie ihnen immer gern eine Fliege ab. Aber sie kann auch _____ ⁹ nervös werden, nämlich wenn sie auf dem See ist, über ihr ein Storch geflogen kommt, der _____ ¹⁰ ist und ganz viel Wasser trinken will, sodass ihr nichts anderes _____ ¹¹ bleibt, als schnell zu fliehen, damit sie nicht für zum Essen _____ ¹² befunden wird. Dann versteckt sie sich lieber unter einer Seerose.

Philine ist ein _____

Umschreibungen:

1 nicht schlampig
2 oft
3 zum verabredeten Zeitpunkt; rechtzeitig
4 Gegenteil von künstlich
5 erledigt, gemacht
6 nicht laut
7 nicht traurig
8 nett
9 unvermittelt, auf einmal
10 wenn man etwas trinken muss, ist man …
11 der Rest von etwas ist …
12 Wer etwas taugt, ist …

Rechtschreibung

9. end- oder ent-?

Ergänze im folgenden Text die richtigen Vorsilben. Lass dir den Text dann diktieren oder nimm ihn auf und schreibe ihn nach Gehör.

Das Wettrennen zwischen der Ente und dem Schwan

Heute soll die _____scheidung getroffen werden, wer von den beiden den _____lauf gewinnen wird. Der Sieger wird _____gültig als schnellster Schwimmer des Sees gelten, der Verlierer wird _____täuscht _____weder dem See _____fliehen oder das Fliegen trainieren. Der Wettbewerb führt _____lang des Spazierwegs am Ufer, die _____fernung zu den zuschauenden Fischen beträgt 15 Meter. Schon _____laden sich die Energien der beiden. _____schlossen faucht der Schwan: „Du _____setzlich lahme Ente, dich werde ich besiegen." Aber die Ente _____spricht in Ehrgeiz und Frechheit dem Schwan: „Du oller Schwan, mir schwant, dass ich dich besiegen werde." Kein Wort der _____schuldigung von beiden und los geht's.

Wenn du wissen willst, wer gewinnt, schau im Lösungsteil nach.

10. Ein Meerschweinchen und zwei Häschen haben Hunger, aber das Futter liegt durcheinander vor ihren Futtertrögen. Hilf ihnen, Ordnung zu machen, indem du das Futter in die zwei Tröge auf Seite 14 einordnest. Alle Wörter mit e bekommt das Meerschweinchen, alle mit ä bekommen die Häschen. Untersuche anschließend noch die Wörter mit ä in einer Tabelle. Findest du verwandte Wörter mit a, die dir geholfen haben, dich für die Schreibung mit ä zu entscheiden? Schreibe sie neben das jeweilige Wort mit ä.

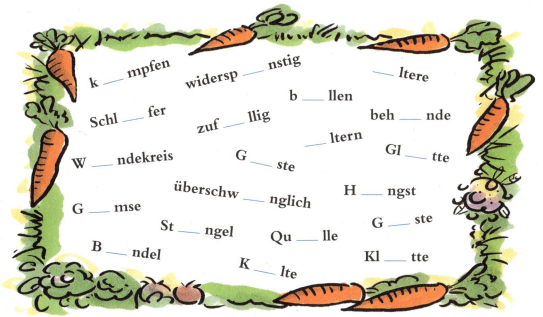

k__mpfen   widersp__nstig   __ltere
Schl__fer   zuf__llig   b__llen   beh__nde
W__ndekreis   G__ste   __ltern   Gl__tte
überschw__nglich   H__ngst
G__mse   St__ngel   Qu__lle   G__ste
B__ndel   K__lte   Kl__tte

Rechtschreibung

Meerschweinchen　　　　　　　　　　　Häschen

Wort mit ä	Verwandtes Wort	Wort mit ä	Verwandtes Wort

Rechtschreibung

Dehnung

1. In diesem Kreuzworträtsel sind verschiedene Begriffe versteckt, die alle mit der Natur zu tun haben. Wenn du die grau unterlegten Buchstaben in der richtigen Reihenfolge zusammensetzt, erhältst du als Lösungswort eine besondere Zeit in der Natur. Achtung: Umlaute wie ä oder ü musst du auflösen als ae und ue!

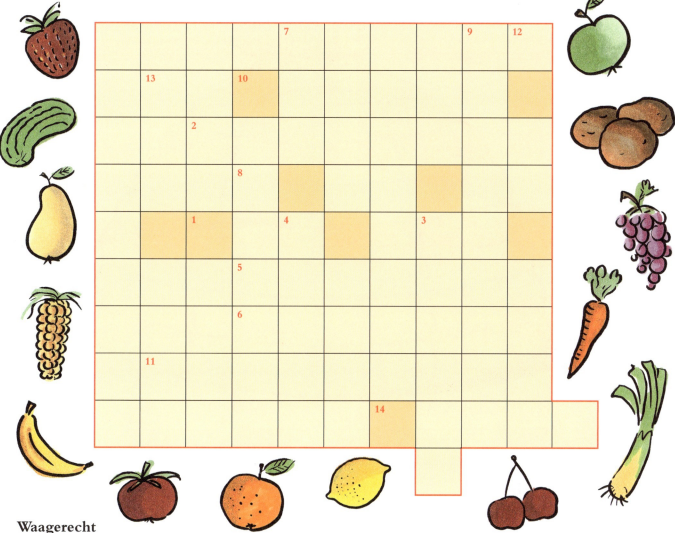

Waagerecht
1 Obst und ...
2 darauf wachsen Obstbäume und Blumen
3 hier leben Enten und Frösche
5 damit kann man rudern
6 im Wald oft an Bäumen; auch am Boden; grün und kein Gras
8 männliches Tier in einem Bienenstaat
10 nicht voll, sondern ...
11 Teil des Getreides, an dem Körner sind
14 eine ... ins Blaue

Senkrecht
2 Bleib beim Wandern immer auf dem ...
3 auf dem Wasser lebender weißer Vogel
4 darin kann man versinken
7 der Atlantik ist eines
9 in Märchen heißt er manchmal Meister Lampe
12 sie macht Honig
13 anderes Wort für Karotte

Lösungswort:

Rechtschreibung

2. In diesem Bienenstock befinden sich eine Menge Wörter ohne Dehnungszeichen. Bei einigen musst du sie ergänzen. Sobald du sie einträgst, erkennst du, dass sich da in jeder Reihe ein Wort eingeschlichen hat, das nicht zu den anderen gehört. Achtung: Manchmal haben die Wörter der Reihe von Natur aus kein Dehnungszeichen!
Male die Felder farbig, die nicht zur Reihe gehören. Tipp: Es geht immer nur eine Art der Dehnung. Wenn du alles richtig hast, erkennst du eine Treppe zu den Bienen nach oben.

3. Schreibe die Wörter, die du erkennen kannst, unter den jeweiligen Stern. Sie haben jeweils denselben Doppelvokal, den du finden musst. Die Wörter enden mit einem der Buchstaben, auf die die Pfeile zeigen. Achtung: Beim ersten Wortstern gibt es auch 2 Wörter, deren Anfangsbuchstabe bereits zum Doppelvokal gehört.

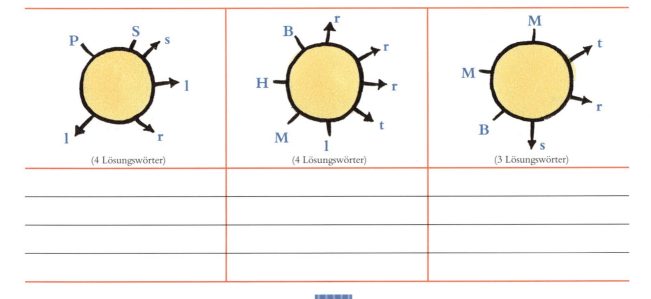

Rechtschreibung

s-Laute

Die Klasse 5b erntet mit ihrer Biologielehrkraft Obst auf einer Streuobstwiese. Sie wollen daraus Apfel- und Birnensaft selbst herstellen. Beim Schütteln der Obstbäume sind die Buchstaben auf den Äpfeln und Birnen durcheinandergeraten. Die Äpfel enthalten Wörter mit stimmlosem („gezischtem") s-Laut, die Birnen solche mit stimmhaftem („gesummtem") s-Laut.

1a. Schreibe die Wörter von den Früchten reihenweise von links nach rechts richtig auf. Die nummerierten Felder ergeben ein Lösungswort. Schreibe im Lösungswort alle Buchstaben groß.

Lösungswort: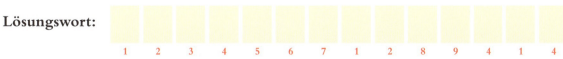

Rechtschreibung

1b. Ordne die Wörter aus Aufgabe 1a. in die Tabelle ein. Damit du dich an die Schreibregel für stimmlose s-Laute erinnerst, markiere einen kurzen Vokal vor dem stimmlosen s-Laut rot und einen langen Vokal vor dem stimmlosen s-Laut grün.

stimmhafter s-Laut	stimmloser s-Laut	
-s-	-ss-	-ß-

2. Entscheide im folgenden Kreuzworträtsel über die korrekte Schreibung des stimmlosen s-Lautes: ss oder ß? Trage deine Lösungswörter in der richtigen Schreibweise (ß = ß; ü = ü; usw.) in das Kreuzworträtsel ein. Beachte auch Groß- und Kleinschreibung.

waagerecht
1 Werkzeug, das man zum Wässern von Blumen verwendet
2 reimt sich auf gießen, tun Blumen im Frühjahr
5 weißer Fleck auf der Stirn eines Pferdes
7 Hunde, die bellen, … nicht.
8 „Rosen, Tulpen, Nelken, alle Blumen welken; nur die eine nicht, die heißt …"
9 Gegenteil von drinnen
13 „Nase" eines Elefanten
14 Blume, in deren Name ein Gerät zum Öffnen von Türen enthalten ist
15 Gegenteil von kalt
17 Frühlingsblumen
19 „Amsel, … Fink und Star"
20 Gericht in Kugelform aus Kartoffeln (Plural)
21 Fliegenpilze sind nicht …
22 Greifvogel, der sich von Mäusen ernährt

senkrecht
1 „Der Wolf und die sieben …"
3 Daraus macht man Sauerkraut.
4 Frucht in einer harten Schale, die geknackt werden muss
5 Pflanze, deren Berührung schmerzhaft ist
6 Plural von Iltis
10 Zuckermais schmeckt …
11 größeres fließendes Gewässer
12 Floristen binden Blumen zu einem …
14 Laufvogel
16 kleines Tier, das man oft in Kellern findet
18 altmodische Bezeichnung für ein Pferd

Rechtschreibung

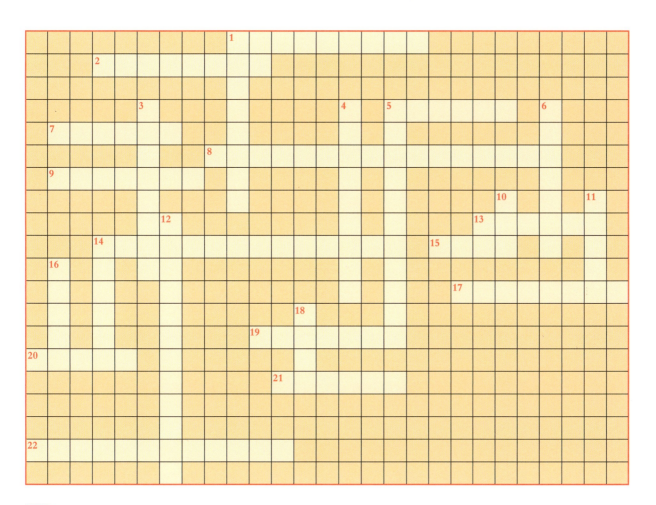

3. In den beiden folgenden Gedichten verdeckt die Sonne einige s-Laute. Schreibe die Gedichte ab und entscheide dabei über die richtige Schreibweise der s-Laute: s, ss oder ß?

Paul Maar
Schwierige Entscheidung

Ein Maulwurf und zwei Mei☼en
beschlo☼en zu verrei☼en
nach Salzburg oder Gie☼en.
Ob sie dabei zu Fu☼ gehen sollen
oder aber fliegen wollen –
das mü☼en sie noch beschlie☼en!

Selbstkontrollmöglichkeit: Wenn du die Anzahl der von dir eingesetzten s verdoppelst, dann zu der Anzahl der von dir eingesetzten ss addierst und mit der Anzahl der von dir eingesetzten ß multiplizierst, erhältst du die Zahl 112.

Peter Hacks
Der Walfisch

Der Walfisch ist kein Scho☼tier,
Er ist ein viel zu gro☼ Tier.
Er mi☼t zweihundert Ellen
Und macht gewaltige Wellen.

Er redet nicht, er bellt mehr,
Er stirbt von keinem Schu☼.
Er rudert durch das Weltmeer
Als Flo☼enomnibu☼.

Ein Zaun sind seine Zähne,
Die Na☼e 'ne Fontäne,
Der Schwanz sogar ein Plättbrett.
Aus seinem Leib man Fett brät.

Das Wa☼er kräu☼elt bläulich
Sich um den schwarzen Klo☼.
Der Walfisch ist abscheulich
Gro☼.

Rechtschreibung

das oder dass?

1. Setze in den folgenden Sätzen das / dass richtig ein. Kreuze dann im Lösungskasten deine Lösung dünn mit Bleistift an. Nun verbinde die Punkte im Lösungsbild in der Reihenfolge der Aufgaben. Du erhältst ein Bild von einem Werkzeug, das bei der Gartenarbeit benötigt wird.

1. Der Familienrat von Familie König hat entschieden, _____ sich alle gemeinsam in diesem Jahr als Hobbygärtner versuchen wollen.
2. Sie suchen sich einen sonnigen und windgeschützten Platz für ihr Gemüsebeet aus. _____ ist wichtig, damit Gemüse gut reift.
3. Nun müssen Tina und Matthias mit ihrem Vater den Boden des Beetes, _____ sie ausgesucht haben, tief umgraben und die Erde lockern.
4. _____ diese Arbeit so anstrengend und schweißtreibend ist, hätten die beiden nicht gedacht.
5. Auch beim Pflanzen und Aussäen muss auf vieles geachtet werden; _____ haben sie in einem Buch gelesen.
6. Gießen dürfen sie die kleinen Pflänzchen nur so, _____ die Blätter nicht nass werden, sonst erkranken die Pflanzen.
7. Bevor Familie König schließlich _____ erste Gemüse aus dem eigenen Garten ernten und genießen kann, vergeht noch einige Zeit.
8. Alle Familienmitglieder sind sich jedoch einig, _____ ihr selbst
9. angebautes Gemüse viel besser schmeckt als _____ aus dem Supermarkt.
10. Sie beschließen, _____ Beet im nächsten Jahr wieder zu bepflanzen.

Lösungskasten:

	Lücke									
	1	2	3	4	5	6	7	8	9	10
das	G7	D4	D5	F5	G3	B3	D4	F3	A5	A3
dass	A4	A6	C6	G5	C1	D3	A1	A4	G1	B5

Lösungsbild:

	1	2	3	4	5	6	7
A	·	·	·	·	·	·	·
B	·	·	·	·	·	·	·
C	·	·	·	·	·	·	·
D	·	·	·	·	·	·	·
E	·	·	·	·	·	·	·
F	·	·	·	·	·	·	·
G	·	·	·	·	·	·	·

Rechtschreibung

2. Setze im folgenden Text das / dass richtig ein. Kreuze dann dünn mit Bleistift im Lösungskasten nicht nur deine Lösung an, sondern auch, um welche Wortart es sich jeweils handelt. Nun vervollständige den Lösungssatz. Dazu musst du die angekreuzten Buchstaben reihenweise von links nach rechts in den Lösungssatz übernehmen.

Ein gelungener Tag in freier Natur

Gut gelaunt beschließt Vater eines Sonntagmorgens: „Viel zu oft haben wir in letzter Zeit unsere Wochenenden zuhause verbracht. _____ ¹ wird ab heute geändert, wir machen einen Ausflug." Begeistert wünschen sich Tim und Sonja, _____ ² die Familie an den See zum Baden fährt. In Windeseile wird alles Nötige eingepackt: Die Kinder verstauen _____ ³ Schlauchboot, _____ ⁴ die Familie vor dem letzten Urlaub gekauft hat. Vater stellt nach einem Blick in den Kühlschrank fest, _____ ⁵ die Vorräte für ein leckeres Picknick reichen. Mutter sucht verzweifelt nach dem Windsegel, _____ ⁶ sie auf dem Dachboden vermutet. Endlich ist es soweit. Alles ist gepackt, es kann losgehen. „_____ ⁷ wird ein Spaß!", darüber sind sich alle einig.
Am See stellen sie fest, _____ ⁸ glücklicherweise nicht allzu viele andere Badegäste da sind. Sie finden ein schattiges Plätzchen, _____ ⁹ windgeschützt liegt, so _____ ¹⁰ sie _____ ¹¹ Windsegel gar nicht benötigen. Vater macht es sich auf einer Decke bequem und liest entspannt in dem Buch, _____ ¹² schon seit einigen Tagen neben seinem Bett liegt. Mutter und Kinder genießen _____ ¹³ erfrischende Bad im See. Auch _____ ¹⁴ Schlauchboot kommt zum Einsatz. Beim Picknick finden alle vier, _____ ¹⁵ Essen in freier Natur viel besser schmeckt als zuhause am Küchentisch.
Am Abend fahren sie erschöpft und müde vom Baden, aber glücklich wieder nach Hause. _____ ¹⁶ sie in Zukunft öfter solche Ausflüge machen, _____ ¹⁷ nehmen sie sich am Ende dieses gelungenen Tages fest vor.

Lösungskasten:

	Lücke																
	1	2	3	4	5	6	7	8	9	10	11	12	13	14	15	16	17
das	D	A	S	P	I	R	O	U	L	N	M	M	T	E	R	R	M
dass	B	D	C	H	A	C	H	S	I	O	E	A	S	T	D	E	L
Artikel	E	I	R	T	S	S	H	G	P	Q	D	W	A	S	X	I	Z
Demonstrativpronomen	S	E	N	R	K	L	H	C	B	S	I	A	T	T	E	M	A
Relativpronomen	N	O	T	S	E	T	E	L	D	Y	O	U	M	N	T	E	R
Konjunktion	E	I	N	L	M	G	B	G	A	R	T	N	E	A	I	F	L

Lösungssatz: ☐ ☐ A ☐ ☐ ☐ B ☐ E ☐ I

D ☐ ☐ ☐ ☐ ☐ ☐ ☐ ☐ ☐ ☐ ☐

☐ ☐ ☐ ☐ ☐ ☐ ☐ ☐ F .

Rechtschreibung

Schärfung

1. z oder tz? k oder ck?

Ergänze im folgenden Text die fehlenden Laute. Ordne die Wörter dann mit den dahinter stehenden Zahlen in die richtige Spalte der Tabelle ein. Wenn du alles richtig eingetragen hast und die Zahlen in jeder Spalte addierst, ergibt sich die Summe, die unten für jede Spalte angegeben ist.

Beim Bahnwärter Blitz und seiner Frau

Jede Se_____unde [1] fliegt eine Stechmü_____e [2] über eine Pfü_____e [3] vor der Haustür, jede Stunde sieht der Im_____er [4] nebenan nach seinem Honig und jeden Tag wartet der Fal_____e [5] auf der Bahnschran_____e [6] beim Wärterhäuschen darauf, dass der Bahnwärter Blitz Spe_____ [7] vor die Tür legt. Im Wärterhäuschen ba_____t [8] derweil Frau Blitz einen Kuchen, während ihr Hund Bobby seine Schnau_____e [9] in den Sal_____topf [10] steckt, der in der Küche auf dem Regal steht. Die Ka_____e [11] Sina si_____t [12] währenddessen in der E_____e [13], hat ihre Ta_____en [14] auf ihren Schwan_____ [15] gestellt und lauert auf die Pi_____a [16] mit Ma_____aroni [17], die noch im Ba_____ofen [18] ist. Plö_____lich [19] kommt der Bahnwärter herein, hängt seine Ja_____e [20] an den Ha_____en [21] und me_____ert [22]: „Die Züge werden ja immer schneller. Vorhin ist mir fast das Her_____ [23] stehen geblieben. Also früher war das ganz anders. Nachher schaue ich mal noch beim Do_____tor [24] vorbei, obwohl der sagt, dass es bei uns spu_____t [25]. Dabei ist er doch selbst ein komischer Kau_____ [26]. Aber ich will doch wissen, was das mit meinem Arm hier ist: Er zu_____t [27] manchmal, ohne dass ich es will.".

z	tz	k	ck	kk	zz
83	59	86	117	17	16

Rechtschreibung

2. Im Speicher in den Flammen siehst du, welche Buchstabenpaare fehlen. Fülle damit die Wortlücken im Gedicht.

James Krüss

Das Feuer

Hörst du, wie die Fla_____en flüstern,

Kni_____en, kna_____en, krachen, knistern,

Wie das Feuer rauscht und saust,

Brodelt, bru_____elt, bre_____t und braust?

Siehst du, wie die Flammen le_____en,

Züngeln und die Zunge blecken,

Wie das Feuer tanzt und zu_____t,

Trockne Hölzer schlingt und schlu_____t?

Riechst du, wie die Fla_____en rauchen,

Brenzlig, bru_____lig, brandig schmauchen,

Wie das Feuer, rot und schwarz,

Duftet, schme_____t nach Pech und Harz?

Fühlst du, wie die Fla_____en schwärmen,

Glut aushauchen, wohlig wärmen,

Wie das Feuer, fla_____rig-wild,

Dich in warme Wellen hüllt?

Hörst du, wie es leiser kna_____t?

Siehst du, wie es matter flakt?

Riechst du, wie der Rauch verzieht?

Fühlst du, wie die Wärme flieht?

Kleiner wird der Feuersbraus:

Ein le_____tes Knistern,

Ein feines Flüstern,

Ein schwaches Züngeln,

Ein dünnes Ringeln –

Aus.

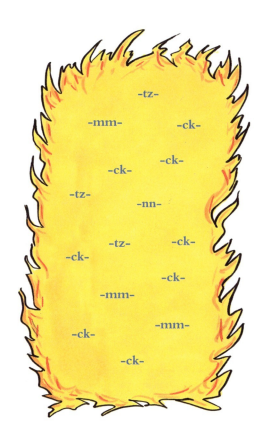

Rechtschreibung

Groß- und Kleinschreibung

Zeitangaben

1. Setze die am Rand stehenden Zeitangaben in der richtigen Schreibweise in den Text ein. Suche zur Kontrolle deine Lösungszahl im Lösungskasten und verbinde die Lösungszahlen im Lösungsbild in der Reihenfolge deiner Einsetzungen.

Urlaubsvorbereitungen

Endlich Pfingstferien! Wie hat sich Sebastian darauf gefreut, denn gleich _____ ¹ wird die Familie in Urlaub fahren. Bereits seit _____ ² _____ ³ laufen die Vorbereitungen auf Hochtouren. Am _____ ⁴ waren alle zusammen in der Stadt, um letzte Einkäufe zu tätigen. Statt wie üblich einen gemütlichen _____ ⁵ mit Spielen und Faulenzen zu verbringen, überlegten sie _____ ⁶, welche Bücher, Spiele und Kleider mitgenommen werden sollen. Regelmäßig gehen die Eltern _____ ⁷ ins Kino. An diesem _____ ⁸ jedoch holten sie Schwimmflossen, Taucherbrillen, Schnorchel und sonstige Badesachen aus ihrem Winterlager, trugen die Koffer vom Dachboden hinunter und entstaubten sie. Mutter kümmerte sich dann _____ ⁹ am _____ ¹⁰ _____ ¹¹ um das Kofferpacken, während Sebastian sein Zimmer aufräumen musste. Normalerweise geht er _____ ¹² nicht allzu _____ ¹³ ins Bett. Da die Familie am _____ ¹⁴ _____ ¹⁵ aber in aller _____ ¹⁶ aufbrechen wird, muss er _____ ¹⁷ _____ ¹⁸ bereits nach dem Abendessen schlafen gehen. Vor dem Einschlafen denkt Sebastian voller Vorfreude an den _____ ¹⁹ _____ ²⁰: Er ist gespannt auf den Flug und hofft, dass das Wetter in Griechenland so gut bleibt, wie es in den letzten _____ ²¹ _____ ²² war. Denn dann können sie _____ ²³ auf der Terrasse frühstücken, _____ ²⁴ im Meer baden und _____ ²⁵ _____ ²⁶ im Freien sitzen. Das wird wunderbar werden!

MORGEN
MEHREREN TAGEN
SAMSTAGVORMITTAG
SONNTAG
NACHMITTAGS
MONTAGABENDS
MONTAGABEND
GESTERN
SPÄTEN NACHMITTAG
ABENDS
FRÜH
NÄCHSTEN MORGEN
FRÜHE
HEUTE ABEND
MORGIGEN TAG
BEIDEN
WOCHEN
MORGENS
TAGSÜBER JEDEN ABEND

Lösungskasten:

Einsetzung Nr.	1	2	3	4	5	6	7	8	9	10	11	12	13	14
Lösungszahl bei Großschreibung	1	3	5	7	9	11	13	15	17	19	21	23	25	27
Lösungszahl bei Kleinschreibung	2	4	6	8	10	12	14	16	18	20	22	24	26	28

Lösungen

Ausschneidevorlage für das Puzzle in Aufgabe 5 auf Seite 47:

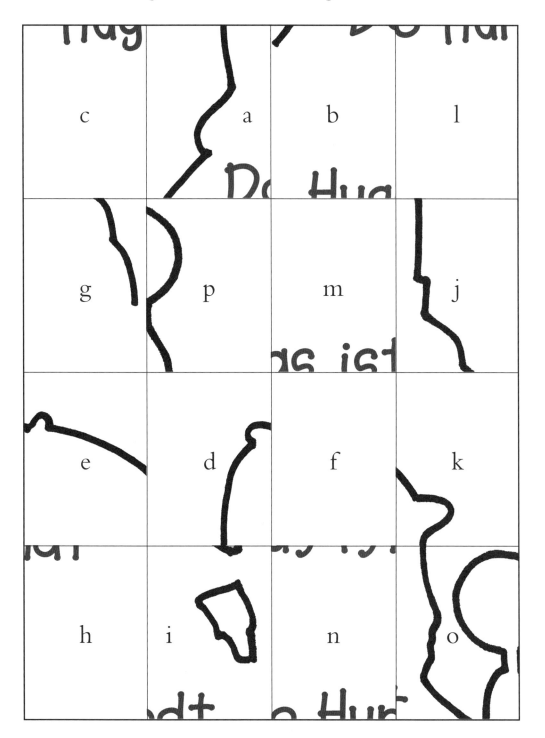

Lösungen

Ausschneidevorlage für das Puzzle in Aufgabe 3 auf Seite 53:

Lösungen

Gleich- und Ähnlichklinger

1. Waagerecht
Versteckt waren die Wörter: Zugvogel Rebhuhn Raubtier Feldhase Zwergkaninchen Reitpferd Langarmaffe
Verlängerungsprobe: Züge   Rebe   rauben   Felder   Zwerge   reiten   länger

Senkrecht
Versteckt waren die Wörter: Buntspecht Berggorilla Goldhamster Wildschwein Windhund
Verlängerungsprobe: bunter   Berge   golden   wilder   Winde

2. Verlängerungsprobe:
a. singen   b. Hunde   c. blöken   d. Münder   e. zirpen
f. Spechte   g. quaken   h. schweigen i. piepen   k. Rinder

Lösungswort: Unsinnsgedicht

3.

	b/p-Wurm	Lösungszahl		d/t-Wurm	Lösungszahl		g/k-Wurm	Lösungszahl
1	Sieb	3	13	Wind	15	25	Erfolg	27
2	gelb	4	14	Paket	28	26	Spuk	52
3	grob	5	15	wild	17	27	Getränk	54
4	Korb	6	16	interessant	32	28	Zwerg	30
5	taub	7	17	wund	19	29	schlank	58
6	Kalb	8	18	Geburt	36	30	Dank	60
7	Stab	9	19	Schuld	21	31	Berg	33
8	Dieb	10	20	kalt	40	32	Ring	34
9	Schub	11	21	Abend	23	33	Kork	66
10	plump	20	22	Rand	24	34	Volk	68
11	Brotlaib	13	23	Tat	46	35	Burg	37
12	Raub	14	24	Gewand	26	36	Ausflug	38

4. Lösungszahlen in der Reihenfolge der Einsetzung:
13 – 10 – 17 – 15 – 26 – 22 – 28 – 19 – 25 – 35 – 21 – 36 – 38 – 31 – 32

5. Im Labyrinth geht es der Reihe nach
links – links – rechts – rechts – links – rechts – rechts – rechts – links – links – rechts

6. Die richtigen Lösungen sind grau unterlegt.

	Lücke																	
	1	2	3	4	5	6	7	8	9	10	11	12	13	14	15	16	17	18
äu	18	35	42	17	31	16	37	12	15	33	40	37	14	10	42	11	40	14
eu	23	19	26	43	24	21	14	42	38	24	28	9	27	38	29	24	39	32
ai	41	10	27	16	11	20	34	10	36	43	11	30	25	36	23	43	16	37
ei	36	38	14	37	40	30	27	19	23	41	16	20	19	22	41	13	20	30

7.
waagerecht: 2. Laich 6. Taifun 7. Kai 8. Laie 9. Mais 10. Rain
senkrecht: 1. Hai 3. Hain 4. Saiten 5. Main 7. Kaiser 8. Laib 9. Mai
Lösungswort: Waise

Lösungen

8. Einzusetzen waren der Reihenfolge nach: ordentliche – häufig – pünktlich – natürlich – fertig – ruhig – lustig – freundlich – plötzlich – durstig – übrig – tauglich

Philine ist ein kleiner grüner Laubfrosch.

9. Wörter in der Reihenfolge im Text:
Entscheidung – Endlauf – endgültig – enttäuscht – entweder – entfliehen – entlang – Entfernung – entladen – entschlossen – entsetzlich – entspricht – Entschuldigung

10. Meerschweinchen-Wörter
Wendekreis – Eltern – bellen – Hengst – Klette – Quelle – Geste

Wort mit ä	Verwandtes Wort	Wort mit ä	Verwandtes Wort
Glätte	glatt	Schläfer	Schlaf
Gämse	Gams	Kälte	kalt
Gäste	Gast	zufällig	Zufall
Stängel	Stange	ältere	alt
Behände	Hand	kämpfen	Kampf
überschwänglich	Überschwang	Bändel	Band

Dehnung

1. **waagerecht:** 1. Gemüse 2. Wiese 3. See 5. Boot 6. Moos 8. Drohne 10. leer 11. Ähre 14. Fahrt
senkrecht: 2. Weg 3. Schwan 4. Moor 7. Meer 9. Hase 12. Biene 13. Möhre
Lösungswort: Fruehling

2. Die nicht zur Reihe gehörenden Felder sind grau unterlegt.

Miete	die	fliegen	Aas
Heben	Tadel	Meer	Name
Moos	Stahl	Boot	Idee
Fähre	viel	wiegen	siegen
sehr	Paar	Hahn	Gebühr
Bahn	Fahne	Tor	Stuhl
Staat	leer	Beet	stören

3.

Aas	Meer	Boot
Aal	Beet	Moos
Paar	Heer	Moor
Saal	Leer	

Lösungen

s-Laute

1a. **Lösungswort:** Streuobstwiese

1b.

stimmhafter s-Laut	stimmloser s-Laut	
-s-	-ss-	-ß-
Rasen	Nässe	gießen
Wiese	Nüsse	fließen
Gräser	Flüsse	beißen
rieseln	bissig	sprießen
Meise		Blumenstrauß
schmausen		genießen
Rose		
Läuse		

2. **waagerecht:** 1. Gießkanne 2. sprießen 5. Blesse 7. beißen 8. Vergissmeinnicht 9. draußen 13. Rüssel 14. Schlüsselblume 15. heiß 17. Narzisse 19. Drossel 20. Klöße 21. essbar 22. Mäusebussard
senkrecht: 1. Geißlein 3. Weißkohl 4. Haselnuss 5. Brennnessel 6. Iltisse 10. süß 11. Fluss 12. Blumenstrauß 14. Strauß 16. Assel 18. Ross

3.

Paul Maar
Schwierige Entscheidung

Ein Maulwurf und zwei Meisen
beschlossen zu verreisen
nach Salzburg oder Gießen.
Ob sie dabei zu Fuß gehen sollen
oder aber fliegen wollen –
das müssen sie noch beschließen!

Peter Hacks
Der Walfisch

Der Walfisch ist kein Schoßtier,
Er ist ein viel zu groß' Tier.
Er misst zweihundert Ellen
Und macht gewaltige Wellen.

Er redet nicht, er bellt mehr,
Er stirbt von keinem Schuss.
Er rudert durch das Weltmeer
Als Flossenomnibus.

Ein Zaun sind seine Zähne,
Die Nase 'ne Fontäne,
Der Schwanz sogar ein Plättbrett.
Aus seinem Leib man Fett brät.

Das Wasser kräuselt bläulich
Sich um den schwarzen Kloß.
Der Walfisch ist abscheulich
Groß.

das oder dass?

1. Die richtigen Lösungen sind grau unterlegt.

	Lücke									
	1	2	3	4	5	6	7	8	9	10
das	G7	D4	D5	F5	G3	B3	D4	F3	A5	A3
dass	A4	A6	C6	G5	C1	D3	A1	A4	G1	B5

Lösungen

 Die richtigen Lösungen sind grau unterlegt.

	Lücke																
	1	2	3	4	5	6	7	8	9	10	11	12	13	14	15	16	17
das	D	A	S	P	I	R	O	U	L	N	M	M	T	E	R	R	M
dass	B	D	C	H	A	C	H	S	I	O	E	A	S	T	D	E	L
Artikel	E	I	R	T	S	S	H	G	P	Q	D	W	A	S	X	I	Z
Demonstrativpronomen	S	E	N	R	K	L	H	C	B	S	I	A	T	T	E	M	A
Relativpronomen	N	O	T	S	E	T	E	L	D	Y	O	U	M	N	T	E	R
Konjunktion	E	I	N	L	M	G	B	G	A	R	T	N	E	A	I	F	L

Lösungssatz: Das Problem mit dem das oder dass hast du im Griff.

Schärfung

z	tz	k	ck	kk	zz
Schnauze	Pfütze	Sekunde	Mücke	Makkaroni	Pizza
Salztopf	Katze	Imker	Speck		
Schwanz	sitzt	Falke	backt		
Herz	Tatzen	Bahnschranke	Ecke		
Kauz	plötzlich	Haken	Backofen		
		Doktor	Jacke		
		spukt	merckert		
			zuckt		
83	59	86	117	17	16

2. James Krüss: Das Feuer

Hörst du, wie die <u>Flammen</u> flüstern,
<u>Knicken</u>, <u>knacken</u>, krachen, knistern,
Wie das Feuer rauscht und saust,
Brodelt, <u>brutzelt</u>, <u>brennt</u> und braust?

Siehst du, wie die Flammen <u>lecken</u>,
Züngeln und die Zunge blecken,
Wie das Feuer tanzt und <u>zuckt</u>,
Trockne Hölzer schlingt und <u>schluckt</u>?

Riechst du, wie die <u>Flammen</u> rauchen,
Brenzlig, <u>brutzlig</u>, brandig schmauchen,
Wie das Feuer, rot und schwarz,
Duftet, <u>schmeckt</u> nach Pech und Harz?

Fühlst du, wie die <u>Flammen</u> schwärmen,
Glut aushauchen, wohlig wärmen,
Wie das Feuer, <u>flackrig</u>-wild,
Dich in warme Wellen hüllt?

Hörst du, wie es leiser <u>knackt</u>?
Siehst du, wie es matter flakt?
Riechst du, wie der Rauch verzieht?
Fühlst du, wie die Wärme flieht?

Kleiner wird der Feuersbraus:
Ein <u>letztes</u> Knistern,
Ein feines Flüstern,
Ein schwaches Züngeln,
Ein dünnes Ringeln –
Aus.

Lösungen

Groß- und Kleinschreibung
Zeitangaben

Die richtigen Lösungen sind grau unterlegt.

Einsetzung Nr.	1	2	3	4	5	6	7	8	9	10	11	12	13	14
Lösungszahl bei Großschreibung	1	3	5	7	9	11	13	15	17	19	21	23	25	27
Lösungszahl bei Kleinschreibung	2	4	6	8	10	12	14	16	18	20	22	24	26	28

Einsetzung Nr.	15	16	17	18	19	20	21	22	23	24	25	26
Lösungszahl bei Großschreibung	29	31	33	35	37	39	41	43	45	47	49	51
Lösungszahl bei Kleinschreibung	30	32	34	36	38	40	42	44	46	48	50	52

Adjektive in Eigennamen

 Schreibregel: Großgeschrieben werden Adjektive in Eigennamen.

Lösungsbild: Die richtigen Lösungen sind grau unterlegt.

	a)	b)	c)	d)	e)	f)	g)	h)	i)	j)	k)	l)	m)	n)
groß	1	3	5	7	8	11	13	15	17	19	21	23	25	27
klein	2	4	6	8	10	12	14	16	18	20	22	24	26	28

 Sehenswürdigkeiten / Spezialitäten:

Rotes Meer – griechischer Schafskäse – Schwäbische Alb – Kölner Dom – holländischer Käse – Schwarzwälder Schinken – Chinesische Mauer – Bayerischer Wald – Wiener Würstchen – italienischer Salat

Lösungssatz: Gut gemacht!

Substantive und Substantivierungen

 Die Vorteile einer Zugfahrt

Das lange Reisen bildet. Das jedenfalls sagt meine Oma immer und deshalb fährt sie so oft Zug, wie sie nur kann. Am liebsten sitzt sie in einem Großraumwagen, weil man da allerlei Merkwürdiges, Seltsames und Spannendes mitbekommt.

So hat sie mir vor kurzem von einer Frau erzählt, die ihre Tochter besuchen wollte und im Ganzen hundert Eier dabei hatte, damit die Tochter nicht das Einkaufen im Supermarkt übernehmen muss und ganz viel Leckeres backen kann. So etwas Verrücktes hört man nicht alle Tage.

Auch von einem alten Mann hat sie schon erzählt, der in seinem Leben schon viele Wagnisse bestanden, viele Erfahrungen gemacht und viele Irrtümer überwunden hat. Er hat bereits zwei Weltreisen gemacht und fährt am liebsten mit der Bahn. Für ihn ist eine Fahrt ins Blaue immer wieder ein neues Abenteuer. Am Morgen geht er einfach zum Bahnhof, schaut welcher Zug bald abfahren wird, und kauft kurzentschlossen eine Fahrkarte dafür am Automaten. Bisher hat er auf diese Weise viel Erfreuliches von der Welt gesehen. Wenn er etwas länger wegbleiben möchte, nimmt er einfach einige Sachen zum Übernachten mit.

Gestern Mittag allerdings habe ich das Beste gehört, was sie bisher erzählt hat: Sie hat eine ganze Familie mit drei Kindern getroffen, die auf dem Weg nach Karlsruhe zu ihrer Oma waren. Da sie wenig Abwechslung hatten, unterhielten sich die Kinder mit meiner Oma, bis alle am Bahnhof ankamen. Da stellte sich dann plötzlich heraus, dass die Oma der Kinder und meine Oma beste Freundinnen waren, die sich schon seit langem kannten.

 Einzusetzen waren: Schlafen – Laufen – Baden – Rudern

Lösungen

3.

Artikel	ursprüngliches Substantiv	Artikel	ursprüngliches Substantiv	Artikel	ursprüngliches Substantiv	Artikel	ursprüngliches Substantiv
die	Reise	das	Ohr	der	Fuß	die	Lust
der	Planet	der	Draht	der	Zeh	die	Schule
	Tibbo	das	Gesicht	das	Feld	die	Zeit
die	Nacht	der	Zahn	der	Baum	die	Erde
	Tibbi	das	Auge	der	Fluss	die	Hand

hinweisendes Wort	substantiviertes Verb	hinweisendes Wort	substantiviertes Adjektiv
beim (= bei dem)	Einschlafen	etwas	Goldenes
sein	Lachen	etwas ganz	Geheimnisvolles
		etwas	Merkwürdiges
		das	Wichtigste
		etwas ganz	Besonderes
		nichts	Schöneres
		etwas ganz	Wunderbares
		das	Beste

Signalwörter für Substantivierungen: Possessivpronomen, Präpositionen, unbestimmte Zahlwörter und Artikel.

Silbentrennung

1a. 1b.

Fe-der-mäpp-chen   Pa-pier-ta-schen-tuch   Füll-fe-der-hal-ter   Pau-sen-brot   A-nis-plätz-chen   Trink-fla-sche   Bürs-te   Sam-mel-auf-kle-ber   Blei-stift-spit-zer   Haus-auf-ga-ben-heft   Bus-fahr-karte   Geld-beu-tel

Zeichensetzung

Das Komma bei Aufzählungen

Unser Ausflug zum Biobauernhof

Gestern haben wir mit unserem Biolehrer, Herrn Schmitt, einen Ausflug zu einem Bio-Bauernhof gemacht. Meine Freunde Bertil, Mike, Ronald und ich freuten uns schon die ganze Woche darauf. Pünktlich um acht trafen wir ausgeruht, gut vorbereitet, mit Proviant und sehr neugierig am Schuleingang ein. Dort waren bereits auch die anderen von unserer Klasse und Herr Schmitt. Wir hatten einen großen, modernen Reisebus mit bequemen Sitzen und sogar mit einem Fernseher, den der Busfahrer aber nicht einschaltete. Unser Biolehrer meinte daraufhin, wir seien doch klug, fantasiebegabt und erfindungsreich und sollten deshalb eigene Geschichten erfinden oder Karten spielen.

Na ja, als wir endlich ankamen, gab es gleich eine Menge Tiere: Gänse, Hühner, Enten, Kühe, Ziegen, sogar ein Pferd war da und natürlich Ben, der Hofhund.

Rike durfte gleich anfangen zu melken, Petra und Bertil durften den Kühen frisches Gras holen und Regina, Johanna und Torsten durften frische Eier aus dem Hühnerstall holen. Uns allen hat der Tag großen Spaß gemacht und wir wollen auf jeden Fall wiederkommen.

Lösungen

Zeichensetzung in wörtlicher Rede

„Nun steh' schon auf, sonst kommst du zu spät!", ruft die Mutter.

„Kann ich zuerst ins Bad?", will seine Schwester Klara wissen.

Der Vater fragt von der Küche: „Wer möchte ein Ei zum Frühstück?"

Sein Bruder meckert dazu: „Dass man nicht einmal ausschlafen kann. Immer soll man hier noch frühstücken!"

„Klara, wenn du heute nach Hause kommst, musst du dein Zimmer aufräumen", sagt die Mutter am Frühstückstisch, „sonst werde ich es machen."

„Ach Mama, ist doch klar", antwortet Klara, „aber ich finde, Timos Zimmer ist noch viel unaufgeräumter als meines."

Timos Freund Ralf ist schon da und will wissen: „Kann ich vielleicht deine Englisch-Hausaufgaben abschreiben? Ich hatte gestern nicht so viel Zeit."

„He Timo, haben wir heute Schwimmunterricht oder gehen wir in die Turnhalle?", will sein Freund Michael wissen.

„So, wir fangen mit der Besprechung der Hausaufgaben an", sagt Frau Brandt, Timos Englischlehrerin. „Ralf, bitte fang an."

„Das war eine sehr gute Leistung, das freut mich", unterbricht Frau Brandt Ralf, „jetzt macht mal Timo weiter."

Substantive

ihre Tasche/eine Uhr • die Taschenuhr   der Regen/eine Jacke • die Regenjacke
ein Feuer/eine Stelle • die Feuerstelle   einen Apfel/ein Kern • der Apfelkern
die Sonne/eine Brille • die Sonnenbrille   der Post/die Karte • die Postkarte
Wald/den Weg • der Waldweg   ein Ritter/eine Burg • die Ritterburg
Gold/ein Schatz • der Goldschatz   ein Telefon/eine Zelle • die Telefonzelle

Konkreta – Koffer

das Taschenmesser – der Kompass – der Apfel – der Schlafsack – das Käsebrot – die Wanderschuhe

Abstrakta – Kopf

der Verstand – der Mut – die Zuversicht – die Fröhlichkeit – die Neugier – die Idee

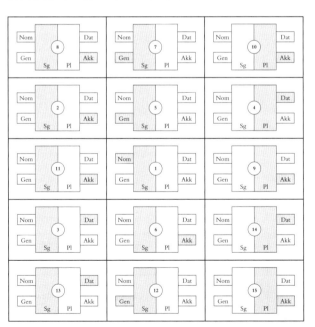

Lösungen

 4.

Singular		Plural		Singular		Plural		Singular		Plural	
die	Katze	die	Katzen	das	Beispiel	die	Beispiele	der	Geist	die	Geister
der	Tisch	die	Tische	der	Freund	die	Freunde	die	Burg	die	Burgen
das	Feuer			das	Wetter			der	Regen		
die	Blume	die	Blumen	der	Mann	die	Männer	die	Bank	die	Banken
die	Tasche	die	Taschen	der	Räuber	die	Räuber	der	Schatz	die	Schätze
die	Glut			der	Schnee			das	Vieh		

Lösungszahl: 3 (Jedes dritte Substantiv hat keinen Plural.)

Adjektive

1. Die <u>alte</u> Ritterburg der Froschsteins

Mitten im <u>dunklen</u> Wald liegt die <u>alte</u> Burg der Ritter vom Froschstein. Heute ist sie eine <u>verfallene</u> Ruine, aber vor 500 Jahren war da eine Menge los: Eine <u>breite</u> Mauer und ein <u>gefährlicher</u> Wassergraben umgaben die Burganlage, in die man durch ein <u>großes</u> Holztor gelangen konnte. Die <u>tapferen</u> Ritter und die <u>edlen</u> Burgfräulein lebten <u>zufrieden</u> und <u>glücklich</u> in ihrer <u>schönen</u> und <u>großen</u> Burganlage mit dem <u>tiefen</u> Brunnen, den <u>unheimlichen</u> Geheimgängen, der <u>großen</u> Burgküche, aus der es immer nach <u>leckerem</u> Essen roch. Dort lebte auch der <u>freundliche</u> Ritter Frido vom Froschstein.

Er war der Burgherr und veranstaltete manchmal <u>bunte</u> Feste. Dann kamen viele <u>eifrige</u> Händler mit ihren <u>interessanten</u> Waren, <u>lustige</u> Sänger und Musiker und allerlei andere Gäste, die für ein <u>gelungenes</u> Fest sorgten.

Manchmal erschraken die Gäste ein bisschen, denn natürlich hat so eine alte Burg auch einen <u>guten</u> Geist, und wenn der auftauchte, waren einige der Gäste ein wenig <u>nervös</u>.

Superlative:

Tief im <u>dunkelsten</u> Wald liegt die <u>älteste</u> Burg der Ritter vom Froschstein. Heute ist sie die <u>verfallenste</u> Ruine, aber vor 500 Jahren war da eine Menge los: Die <u>breiteste</u> Mauer und der <u>gefährlichste</u> Wassergraben umgaben die Burganlage, in die man durch das <u>größte</u> Holztor gelangen konnte. Die <u>tapfersten</u> Ritter und die <u>edelsten</u> Burgfräulein lebten am <u>zufriedensten</u> und am <u>glücklichsten</u> in ihrer <u>schönsten</u> und <u>größten</u> Burganlage mit dem <u>tiefsten</u> Brunnen, den <u>unheimlichsten</u> Geheimgängen, der <u>größten</u> Burgküche, aus der es immer nach dem <u>leckersten</u> Essen roch. Dort lebte auch der <u>freundlichste</u> Ritter Frido vom Froschstein.

2a. mögliche Lösungen: die bunte Fahne – der lustige Ritter – das freundliche Burgfräulein – das zerbrechliche Glas – die alte Burg – die dicke Mauer – der tiefe Burggraben

2b. Der Ritter ist lustig. Die Mauer ist dick. Das Glas ist zerbrechlich. Die Fahne ist bunt.
Die Burg ist alt. Der Burggraben ist tief. Das Burgfräulein ist freundlich.

Adverbien

Adverbien des Ortes (Lokal) 8	Adverbien der Zeit (Temporal) 10	Adverbien der Art und Weise (Modal) 4	Adverbien des Grundes (Kausal) 3
Unten	einmal	Sehr	deshalb
Dort	immer	hoffentlich	daher
Da	heute	so	deswegen
Hier	augenblicklich	kaum	
Da	bald		

Lösungen

Adverbien des Ortes (Lokal) 8	Adverbien der Zeit (Temporal) 10	Adverbien der Art und Weise (Modal) 4	Adverbien des Grundes (Kausal) 3
Rechts	heute		
Links	morgen		
irgendwohin	jetzt		
	vorerst		
	manchmal		

Pronomen   Personalpronomen

Kasus	Singular					Plural		
	1.	2.	3.			1.	2.	3.
Nominativ	Ich 8	du 3	er 19	sie 50	es 90	wir 2	ihr 41	sie 37
Genitiv	Meiner 3	deiner 28	seiner 35	ihrer 10	seiner 23	unser 41	euer 38	ihrer 61
Dativ	Mir 62	dir 82	ihm 12	ihr 6	ihm 40	uns 18	euch 25	ihnen 18
Akkusativ	Mich 34	dich 9	ihn 4	sie 17	es 7	uns 52	euch 29	sie 15
Summe:	107	122	70	83	**160**	113	133	131

Possessivpronomen

Lösungskasten: Die richtigen Lösungen sind grau unterlegt.

Nominativ	A	I	T	M	K	V	X	N	M	G	U	Z	F	P	Ü	L	M	J	S
Genitiv	K	S	Z	E	O	Z	E	Ä	R	I	R	S	C	U	T	T	P	Q	M
Dativ	P	P	O	N	T	M	I	E	W	Ö	S	C	H	B	U	W	S	C	I
Akkusativ	G	R	U	H	E	Q	Ü	T	A	P	T	H	L	K	R	N	Ü	A	H

Lösung: Tante Käthe hat einen Pronomenmischpunsch gebraut.

Präpositionen

Einsetzungen in der Reihenfolge im Text:

in der Nacht (D)   für die Gesundheit (A)   trotz des Regens (G)   oberhalb der Baumgrenze (G)
auf den Fliegenpilzen (D)   unter die Wurzeln (A)   auf der Lichtung (D)   wegen der vielen Bewohner (G)
bis in den Morgen (A)   mit dem Marienkäfer (D)   auf einem Ast (D)   während des ganzen Festes (G)

Verben Teil I

1. **Lösungswort:** Kamera

2. **Waagerecht:** 5. herauskommen 7. umfallen 10. erholen 12. verlieren 14. haben 15. gewinnen 16. spielen 17. wandern
Senkrecht: 1. schreiben 2. trainieren 3. vermuten 4. sein 6. schlafen 8. traben 9. anbieten 11. lachen 13. beeilen

Lösungen

3. Pst, seid nicht so laut! Tilli, hilf mir beim Öffnen des Safes! Passt auf, dass ihr nichts umwerft! Ede, vergiss nicht wieder unser Werkzeug! Redet nicht andauernd, ihr weckt noch die Nachbarn! Sucht nach dem Schmuck! Trage schon mal die Stereoanlage zum Auto! Nehmt auch die chinesische Vase mit! Kuno, iss nicht die Salzstangen! Pack lieber mit an! Der Fernseher ist schwer. Hier spricht die Polizei! Nehmen Sie die Hände hoch und bewegen Sie sich nicht!

4. Einzusetzen waren in folgender Reihenfolge: müssen – können – mag – dürfen – sollten – will

5. Es gehören zusammen:
1d – 2e – 3k – 4f – 5a – 6m – 7o – 8p – 9b – 10n – 11i – 12j – 13c – 14l – 15h – 16g

Verben Teil II

1. Die richtigen Lösungen sind grau unterlegt.

Partizip I	A5	D4	D5	F5	G3	H1	H4	J9	J3	A3	H9	E6	A2	C6	C7	A4
Partizip II	A4	C3	C4	E2	E4	D3	A1	J4	J6	H6	A8	F6	E8	C9	C8	A5

2. Die richtigen Lösungen sind grau unterlegt.

	Lücke																				
	1	2	3	4	5	6	7	8	9	10	11	12	13	14	15	16	17	18	19	20	21
Partizip I	1	10	2	5	3	26	24	6	17	20	21	1	3	13	1	22	23	7	8	16	3
Partizip II	7	12	21	17	19	11	23	21	14	19	3	8	15	15	17	21	14	4	15	15	1

Lösungssatz: Glueckwunsch! Oma und Opa

Verben Teil III

1. Die richtigen Lösungen sind grau unterlegt.

	Satz													
	1	2	3	4	5	6	7	8	9	10	11	12	13	14
Aktiv	E1	A5	D4	C7	A4	C4	B7	A4	G6	E4	F5	D2	G3	F3
Passiv	D1	E4	D2	D7	A2	B1	C2	G2	D4	F4	E7	G5	D4	E1

2. Tagsüber mussten Segel gesetzt und eingeholt und Beschädigungen am Schiff repariert werden.
Außerdem mussten vom Ausguck fremde Schiffe erspäht werden.
Bei rauer See froren die Piraten, weil sie von überschwappenden Wellen durchnässt wurden.
Manchmal wurden zur Abwechslung Hühner mit an Bord genommen.
Im Kampf verletzte Gliedmaßen wurden in der Regel vom Schiffszimmermann ohne Betäubung amputiert.
Bei einer Kaperung wurden hauptsächlich Gewürze, Alkohol und Waffen, aber auch Sklaven erbeutet.
Die Beute wurde in den Hafenstädten verkauft.
Der Erlös wurde von der Mannschaft nach strengen Regeln untereinander aufgeteilt.
Darin wurde zum Beispiel das Glücksspiel untersagt.

Lösungen

Die richtigen Lösungen sind grau unterlegt.

	Passivsatz								
	1	2	3	4	5	6	7	8	9
Mit Nennung des Handlungsträgers	A	L	K	M	T	H	U	E	R
Ohne Nennung des Handlungsträgers	F	O	I	N	S	P	O	C	T

Lösungswort: Totenkopf

4. Es gehören zusammen:

1l – 2h – 3k – 4d – 5a – 6j – 7o – 8c – 9n – 10g – 11i – 12f – 13p – 14m – 15b – 16e

Prädikat

Heute Abend sind Mikes Eltern zu der Geburtstagsfeier seiner Tante Erna eingeladen und er darf ganz alleine, nur mit seiner Schwester Katja, zuhause bleiben. Katja ist 14, also drei Jahre älter als er. „Passt gut auf euch auf, das Abendessen steht auf dem Herd, und wenn ihr gegessen habt, vergesst den Abwasch nicht", sagt Mama. „Die Telefonnummer von Tante Erna liegt neben dem Telefon, ihr könnt dort immer anrufen, wenn etwas ist", sagt Papa. Dann gehen sie. Katja will erst einmal in Ruhe telefonieren und kann Mike dazu nicht gebrauchen. Sie schickt ihn auf sein Zimmer, dort soll er spielen. Mike hat dort gestern ein Puzzle angefangen, aber er hat jetzt keine rechte Lust dazu. Viel lieber schenkt er sich in der Küche ein extragroßes Glas Limo ein, was er sonst nicht darf. Dann lenkt er seine Schwester vom Zuhören am Telefon ab, indem er sich vor sie stellt und Grimassen zieht. Sie reagiert aber nicht auf ihn, außer dass sie ihren Hausschuh nach ihm kickt. Er streckt ihr die Zunge raus.

Plötzlich klingelt es. „Wir machen nicht auf, wir sind alleine", sagt Katja. Sie hat den Hörer aufgelegt und ist ganz leise. Aber es klingelt wieder und noch länger am Stück als vorher, außerdem klopft jemand an die Tür. Katja und Mike wird mulmig, denn jetzt fangen die Leute da draußen auch noch mit Rufen an. Seltsamerweise kennen sie die Namen von Katja und Mike. „Hallo, wo seid ihr? Macht auf, wir kommen nicht hinein. Wir haben den Schlüssel vergessen und konnten nicht anrufen, weil das Telefon wohl kaputt ist, es kam jedenfalls die ganze Zeit nur das Besetztzeichen …"

Mehrteilige Prädikate			
finiter Prädikatsteil	infiniter Prädikatsteil	finiter Prädikatsteil	infiniter Prädikatsteil
Sind	Eingeladen	Will	Telefonieren
Darf	Bleiben	Kann	Gebrauchen
Passt	Auf	Soll	Spielen
Habt	Gegessen	Hat	Angefangen
Könnt	Anrufen	Schenkt	Ein

Subjekt

Lösung: Paul ist ein Freund.

Objekte

1. Die fehlenden Objekte sind in folgender Reihenfolge einzusetzen:
1. sein Lieblingslied – ihn – ihren neuen Tanz – Kartoffeln und Würstchen – ihre Briefe – ihren Mann – die Schüssel mit den Kartoffeln – es fehlen: Akkusativobjekte
2. um jeden Gast – auf die äußere Form – vor niemandem – vor dem unfreundlichsten Gast – von einem eigenen Restaurant – von so vielen Dingen – an ihre beste Freundin – über jeden Brief – es fehlen: Präpositionalobjekte
3. der Kellnerin – ihm – ihnen – der Gefahr – seinem Freund Jürgen – es fehlen: Dativobjekte
4. eines Besuchers – des Restaurants – es fehlen: Genitivobjekte

Lösungen

2. 1. Petra hilft Monika. 2. Tanja riecht an den Blumen. 3. Robert schneidet die Rosenhecke. 4. Opa klagt Vater des Zeitungsdiebstahls an. 5. Veronika freut sich auf Jutta. 6. Birgit denkt an Martin. 7. Matthias träumt von Susanne. 8. Die Nerven meiner Großmutter bedürfen besonderer Aufmerksamkeit. 9. Julia wäscht sich die Haare.

Adverbiale

1. Rot anzumalen sind die Felder: 82, 109, 134, 155, 615, 299, 363, 888, 1005, 1214, 1411
Blau anzumalen sind die Felder: 13, 41, 43, 85, 96, 136, 149, 181, 202, 222, 244, 342, 510, 713
Grün anzumalen sind die Felder: 26, 101, 138, 151, 213, 256, 322, 355, 570
Braun anzumalen sind die Felder: 2, 52, 76, 114, 117, 128, 166, 178, 194, 235, 268, 288, 301, 312
Gelb anzumalen sind die Felder: 1, 12, 97, 271, 901, 1666

2. Die richtigen Lösungen sind grau unterlegt.

Satz	1	2	3	4	5	6	7	8	9	10	11	12
Präpositionalobjekt	23	1	18	23	21	18	19	16	18	20	15	5
Adverbial	4	5	19	8	1	20	13	2	9	7	26	14

Lösungssatz: Das war Spitze!

Attribute

1. Die richtigen Lösungen sind grau unterlegt.

	Lücke																
	1	2	3	4	5	6	7	8	9	10	11	12	13	14	15	16	17
Partizip als Attribut	B	F	M	I	A	Z	W	U	E	B	E	E	T	E	R	A	W
Adjektivattribut	E	G	D	U	B	T	I	H	D	E	R	C	G	W	A	E	D
Präpositionales Attribut	R	R	T	E	C	R	N	S	R	X	I	G	J	S	Q	N	U
Apposition	K	I	U	Z	H	E	E	C	B	U	T	R	K	D	W	B	F
Genitivattribut	N	P	L	P	D	I	D	R	N	Z	U	F	L	J	T	V	G
Attributsatz	O	S	N	W	I	M	L	T	E	T	M	D	H	H	U	C	H
Adverb als Attribut	P	H	E	X	M	N	K	U	I	R	N	S	I	G	O	X	J

	Lücke																
	18	19	20	21	22	23	24	25	26	27	28	29	30	31	32	33	34
Partizip als Attribut	W	Q	E	O	E	W	T	N	B	R	O	U	I	T	T	B	E
Adjektivattribut	T	F	F	U	P	S	E	M	U	A	R	Z	E	S	E	A	U
Präpositionales Attribut	P	A	G	I	U	D	N	H	M	S	U	R	T	X	O	V	I
Apposition	S	D	H	E	Z	C	M	K	O	T	I	D	R	Y	I	J	D
Genitivattribut	O	G	J	Q	G	H	U	L	F	C	Z	G	P	W	P	K	T
Attributsatz	L	H	L	W	T	K	I	U	N	H	T	H	U	M	R	U	S
Adverb als Attribut	K	I	K	X	Y	L	O	E	I	S	E	K	J	N	T	E	R

Überschrift: Ein erlebnisreicher Ausflug in den Freizeitpark

Rechtschreibung

Einsetzung Nr.	15	16	17	18	19	20	21	22	23	24	25	26
Lösungszahl bei Großschreibung	29	31	33	35	37	39	41	43	45	47	49	51
Lösungszahl bei Kleinschreibung	30	32	34	36	38	40	42	44	46	48	50	52

Lösungsbild:

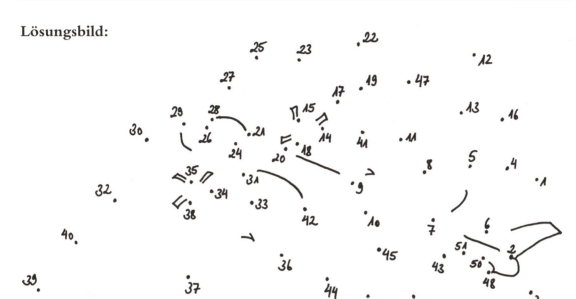

Adjektive in Eigennamen

1. Sarah und Tom vertreiben sich die lange Autofahrt zum Urlaubsort mit Rätseln. Gesucht ist jeweils eine Verbindung aus Adjektiv und Substantiv. Hilf ihnen beim Rätseln und beachte dabei die Groß- und Kleinschreibung. Beachte, dass -ß wie immer im Rätsel als -ss geschrieben wird.
In der angegebenen Reihenfolge zusammengesetzt ergeben die markierten Buchstaben die Schreibregel, um die es in diesem Rätsel geht. Ob du sie beherrschst, kannst du prüfen, indem du das Lösungsbild ausmalst. Wie das geht, steht unten.

a) gefährliche Giftspinne

___ ___ ___ ___ ___ ___ ___ ___ ___ ___ ___ ___ ___ ___ ___ ___
      1   12

b) Wenn Eheleute fünfzig Jahre verheiratet sind, feiern sie …

___ ___ ___ ___ ___ ___ ___ ___ ___ ___ ___ ___ ___
      2   13

c) Am 01.01. beginnt ein …

___ ___ ___ ___ ___ ___ ___ ___
      3

d) „hinter … sitzen" ist ein umgangssprachlicher Ausdruck für im Gefängnis sein

___ ___ ___ ___ ___ ___ ___ ___ ___ ___ ___ ___
      4   14

e) erhält man bei einem Platzverweis im Fußballspiel

___ ___ ___ ___ ___
      5

f) Wenn man als Erster an einem Unfallort eintrifft, sollte man … leisten.

___ ___ ___ ___ ___ ___ ___ ___ ___
      6

Rechtschreibung

g) Der 24.12. wird auch … genannt.

___ ___ ___ ___ ___ ___ ___   ___ ___ ___ ___ ___
          7   15

h) ausgeschriebene deutsche Übersetzung von USA

___ ___ ___ ___ ___ ___ ___ ___ ___ ___ ___ ___ ___ ___ ___   ___ ___ ___
  8   16

___ ___ ___ ___ ___ ___

i) berühmte Musikgruppe, die aus fünf Tieren besteht

___ ___ ___ ___ ___ ___ ___ ___ ___ ___ ___ ___ ___ ___ ___ ___ ___
           9   17

j) Amtssitz des amerikanischen Präsidenten

___ ___ ___ ___ ___   ___ ___ ___ ___
                       18

k) Wahrzeichen von Pisa

___ ___ ___ ___ ___   ___ ___ ___ ___
     10   19

l) „großes" Sternbild, dessen Aussehen an ein Fahrzeug erinnert

___ ___ ___ ___ ___ ___ ___ ___   ___ ___ ___ ___
                           11

m) Während der Olympischen Spiele brennt das …

___ ___ ___ ___ ___ ___ ___ ___ ___   ___ ___ ___ ___
                                 20

n) Zusammenschluss europäischer Staaten

___ ___ ___ ___ ___ ___ ___ ___ ___ ___ ___ ___
                                   21

Schreibregel: Großgeschrieben werden ___ ___ ___ ___ ___ ___ ___ ___ ___ ___ ___
                                                        1 2 3 4 5 6 7 8 9 10 11

___ ___ ___ ___ ___ ___ ___ ___ ___ ___ .
12 13 14 15 16 17 18 19 20 21

Lösungsbild:

Suche im Bild alle zu der von dir gewählten Schreibweise gehörenden Felder. Hast du das Adjektiv groß geschrieben, so male die Felder rot aus. Hast du es kleingeschrieben, so male die Felder blau aus.

	a)	b)	c)	d)	e)	f)	g)	h)	i)	j)	k)	l)	m)	n)
groß	1	3	5	7	8	11	13	15	17	19	21	23	25	27
klein	2	4	6	8	10	12	14	16	18	20	22	24	26	28

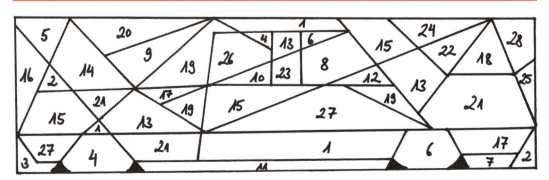

Rechtschreibung

2. Auf Reisen kann man viel sehen und die Spezialitäten anderer Regionen kennenlernen. Je ein Wort der linken und ein Substantiv der rechten Seite ergeben zusammen eine Sehenswürdigkeit oder ein typisches Gericht. Schreibe die zusammengehörigen Wörter in richtiger Groß- und Kleinschreibung unten auf. Du musst dazu bei einigen Wörtern von der linken Seite die Endungen anpassen. Wenn du die zusammengehörenden Wörter mit dem Lineal verbindest, kommst du über eine Zahl. Diese Zahl gibt eine Stelle im Alphabet an. Hast du das Wort von der linken Seite großgeschrieben, trage den entsprechenden Buchstaben im Lösungssatz ein. Hast du das Wort von der linken Seite kleingeschrieben, nimm den vorangehenden Buchstaben.

1) ROT — SCHAFSKÄSE
2) GRIECHISCH — SCHINKEN
3) SCHWÄBISCH — MAUER
4) KÖLNER — MEER
5) HOLLÄNDISCH — KÄSE
6) SCHWARZWÄLDER — WALD
7) CHINESISCH — DOM
8) BAYERISCH — SALAT
9) WIENER — ALB
10) ITALIENISCH — WÜRSTCHEN

Sehenswürdigkeiten/Spezialitäten:

_____

_____

_____

_____

Lösungssatz: ☐☐☐ ☐☐☐☐☐☐ !

Rechtschreibung

Substantive und Substantivierungen

1. Entscheide dich im Text jeweils für Groß- oder Kleinschreibung. Unterstreiche dann alle ursprünglichen Substantive mit gerader Linie und unterwelle Substantivierungen aus anderen Wortarten. Tipp: Es gibt 42 ursprüngliche Substantive und 12 Substantivierungen. Einige Wörter kommen dabei doppelt vor. Sie sind jedes Mal zu zählen.

Die (V/v)orteile einer (Z/z)ugfahrt

Das lange (R/r)eisen bildet. Das jedenfalls sagt meine (O/o)ma immer und deshalb fährt sie so oft (Z/z)ug, wie sie nur kann. Am (L/l)iebsten sitzt sie in einem (G/g)roßraumwagen, weil man da allerlei (M/m)erkwürdiges, (S/s)eltsames und (S/s)pannendes mitbekommt.

So hat sie mir vor (K/k)urzem von einer (F/f)rau erzählt, die ihre (T/t)ochter besuchen wollte und im (G/g)anzen (H/h)undert (E/e)ier dabei hatte, damit die (T/t)ochter nicht das (E/e)inkaufen im (S/s)upermarkt übernehmen muss und ganz viel (L/l)eckeres backen kann. So etwas (V/v)errücktes hört man nicht alle (T/t)age.

Auch von einem (A/a)lten (M/m)ann hat sie schon erzählt, der in seinem (L/l)eben schon viele (W/w)agnisse bestanden, viele (E/e)rfahrungen gemacht und viele (I/i)rrtümer überwunden hat. Er hat bereits zwei (W/w)eltreisen gemacht und fährt am (L/l)iebsten mit der (B/b)ahn. Für ihn ist eine (F/f)ahrt ins (B/b)laue immer wieder ein neues (A/a)benteuer. Am (M/m)orgen geht er einfach zum (B/b)ahnhof, schaut, welcher (Z/z)ug bald abfahren wird und kauft (K/k)urzentschlossen eine (F/f)ahrkarte dafür am (A/a)utomaten. Bisher hat er auf diese (W/w)eise viel (E/e)rfreuliches von der (W/w)elt gesehen. Wenn er etwas (L/l)änger wegbleiben möchte, nimmt er einfach einige (S/s)achen zum (Ü/ü)bernachten mit.

Gestern (M/m)ittag allerdings habe ich das (B/b)este gehört, was sie bisher erzählt hat: Sie hat eine ganze (F/f)amilie mit drei (K/k)indern getroffen, die auf dem (W/w)eg nach (K/k)arlsruhe zu ihrer (O/o)ma waren. Da sie wenig (A/a)bwechslung hatten, unterhielten sich die (K/k)inder mit meiner (O/o)ma, bis alle am (B/b)ahnhof ankamen. Da stellte sich dann plötzlich heraus, dass die (O/o)ma der (K/k)inder und meine (O/o)ma (B/b)este (F/f)reundinnen waren, die sich schon seit langem kannten.

Rechtschreibung

2. Setze in den Text die passenden Substantive ein. Tipp: Sie waren ursprünglich einmal Verben!

Was ich in den Ferien mag

Ich mag das lange _____,

dafür kann mich niemand strafen.

Gerne auch mag ich das weite _____

Über bunte Wiesen oder mir was Neues kaufen,

im See da mag ich das _____

oder mich an einem feinen Picknick laben,

manchmal auf dem See das _____,

ohne mir vorher die Nase zu pudern.

3. Eigentlich will dir hier jemand über den Beginn seiner Abenteuerreise erzählen, aber sein Computer verschluckt leider alle Großbuchstaben außer denen am Satzanfang. Korrigiere seinen Text, indem du alle großzuschreibenden Wörter im Text unterstreichst, und trage sie dann in die Tabelle ein. Sortiere nach ursprünglichen Substantiven, substantivierten Adjektiven und substantivierten Verben. Jedes Wort muss nur einmal aufgeschrieben werden. Trage die ursprünglichen Substantive im Singular ein. Mache dann bei den ursprünglichen Substantiven die Artikelprobe und schreibe bei den Substantivierungen das Wort dazu, das dir im Text geholfen hat, die Substantivierung zu erkennen.

Eine reise auf den planeten tibbo

Gestern nacht habe ich eine wirklich lange reise gemacht: Ich war gerade beim einschlafen, als ich in meinem zimmer plötzlich etwas goldenes glänzen sah. Es lachte mit mir und sagte: „Hallo, ich bin tibbi und komme von dem ganz fernen planeten tibbo. Komm mit mir, ich zeige dir etwas ganz geheimnisvolles!"

Tibbi sah eigentlich ganz nett aus. Statt ohren hatte er etwas merkwürdiges: lange drähte, die hektisch blinkten. Sein gesicht war aber sehr freundlich: sein lachen war nett, obwohl er gar keine zähne hatte, das wichtigste war aber sowieso, dass er zwei kugelrunde, schwarze augen hatte, die mich munter anschauten. Am komischsten waren seine großen, breiten füße und seine sehr langen zehen. Er war etwas ganz besonderes. „Es gibt nichts schöneres als die roten felder auf meinem planeten und die gelben bäume darauf. Auch unsere lila flüsse sind etwas ganz wunderbares. Hast du nicht lust, das alles einmal zu sehen?"

„Naja, ich muss doch morgen ganz früh aufstehen, weil ich zur schule gehe", sagte ich traurig, denn ich wäre schon gerne mitgekommen.

Rechtschreibung

„Ach, das beste hab ich dir ja noch gar nicht erzählt: du kannst ruhig mitkommen, denn während du bei mir bist, bleibt deine zeit auf der erde stehen und du bist auf keinen fall zu spät zurück."
Ihr könnt euch denken, dass ich dann sofort mit tibbi aufgebrochen bin. Er nahm mich an seine hand und los ging es.

Artikel	ursprüngliches Substantiv	Artikel	ursprüngliches Substantiv

hinweisendes Wort	substantiviertes Verb	hinweisendes Wort	substantiviertes Adjektiv

Schaue dir nun die Tabelle noch einmal genauer an:
Welche vier Wortarten weisen auf Substantivierungen im Text hin?

1. _____   3. _____

2. _____   4. _____

Rechtschreibung

Silbentrennung

1a. Oh Schreck, als Kathi gestern Abend ihre Schulbücher für den nächsten Tag in die Tasche packen wollte, war die schon voll mit einem Riesenwurm aus Dingen, die sie sonst noch in der Tasche hat. Hilf ihr, diesen Wurm zu zerkleinern, indem du ihn erst einmal in einzelne Wörter und diese dann noch in ihre Silben zerlegst.

Wurm-Text: BLEISTIFTSPITZER HAUSAUFGABENHEFT BUSFAHRKARTE GELDBEUTEL TASCHENBÜRSTE SAMMELAUFKLEBER TRINKFLASCHE PAUSENBROT ANISPLÄTZCHEN FÜLLFEDERHALTER PAPIERTASCHENTUCH FEDERMÄPPCHEN

1b. Trage hier die einzelnen Begriffe ein und trenne sie dann nach ihren Silben, indem du an entsprechender Stelle Striche ziehst:

_____ ,

_____ ,

_____ ,

_____ ,

_____ , _____ ,

_____ , _____ ,

_____ , _____ ,

_____ , _____ ,

Rechtschreibung

Zeichensetzung

Das Komma bei Aufzählungen

1. Setze im folgenden Text alle Kommas bei Aufzählungen. Tipp: Es fehlen 13 Kommas!

Unser Ausflug zum Biobauernhof

Gestern haben wir mit unserem Biolehrer, Herrn Schmitt, einen Ausflug zu einem Bio-Bauernhof gemacht. Meine Freunde Bertil Mike Ronald und ich freuten uns schon die ganze Woche darauf. Pünktlich um acht trafen wir ausgeruht gut vorbereitet mit Proviant und sehr neugierig am Schuleingang ein. Dort waren bereits auch die anderen von unserer Klasse und Herr Schmitt. Wir hatten einen großen modernen Reisebus mit bequemen Sitzen und sogar mit einem Fernseher, den der Busfahrer aber nicht einschaltete. Unser Biolehrer meinte daraufhin, wir seien doch klug fantasiebegabt und erfindungsreich und sollten deshalb eigene Geschichten erfinden oder Karten spielen. Na ja, als wir endlich ankamen, gab es gleich eine Menge Tiere: Gänse Hühner Enten Kühe Ziegen sogar ein Pferd war da und natürlich Ben, der Hofhund. Rike durfte gleich anfangen zu melken Petra und Bertil durften den Kühen frisches Gras holen und Regina Johanna und Torsten durften frische Eier aus dem Hühnerstall holen. Uns allen hat der Tag großen Spaß gemacht und wir wollen auf jeden Fall wiederkommen.

Zeichensetzung in wörtlicher Rede

1. Dem armen Timo setzt der Beginn der Woche immer besonders zu. Alle reden auf ihn ein, obwohl er doch so gerne noch ausschlafen würde. Setze alle für die wörtliche Rede nötigen Satzzeichen. Achte darauf, wo sich die Redeformel befindet.

Nun steh schon auf, sonst kommst du zu spät ruft die Mutter. Kann ich zuerst ins Bad will seine Schwester Klara wissen. Der Vater fragt von der Küche. Wer möchte ein Ei zum Frühstück? Sein Bruder meckert dazu. Dass man nicht einmal ausschlafen kann. Immer soll man hier noch frühstücken.

Klara, wenn du heute nach Hause kommst, musst du dein Zimmer aufräumen sagt die Mutter am Frühstückstisch sonst werde ich es machen.
Ach Mama, ist doch klar antwortet Klara aber ich finde, Timos Zimmer ist noch viel unaufgeräumter als meines.

Timos Freund Ralf ist schon da und will wissen. Kann ich vielleicht deine Englisch-Hausaufgaben abschreiben? Ich hatte gestern nicht so viel Zeit.
He Timo, haben wir heute Schwimmunterricht oder gehen wir in die Turnhalle? will sein Freund Michael wissen.

So, wir fangen mit der Besprechung der Hausaufgaben an sagt Frau Brandt, Timos Englischlehrerin Ralf, bitte leg los.
Das war eine sehr gute Leistung, das freut mich unterbricht Frau Brandt Ralf. Jetzt macht mal Timo weiter.
Ach, der arme Timo. Was soll er jetzt machen?

Grammatik

Wortarten

Substantive

Im Zauberwald

Als Tina sich auf den Weg macht, scheint die Sonne. Aber eine Jacke hat sie auch dabei, falls später Regen kommen sollte. Auf einer Karte schaut sie sich den Pfad an, den sie gehen muss, und steckt sie in ihre Tasche, zusammen mit einer Brille und einer Uhr. Unterwegs kommt sie bei der Post vorbei, an einer Zelle, die aussieht, als würde man Bären darin einsperren, schließlich sieht sie eine seltsame Schlange, die glänzt, als wäre sie aus Gold. An einer Stelle im Wald findet sie eine Burg. Dort brennt gerade ein Feuer und ein Ritter klettert auf einen Baum. Sie sieht, wie er ein Telefon aus seiner Hosentasche zieht. Tina vermutet, dass er dort einen Schatz versteckt hat. Sie will ein Weilchen abwarten, versteckt sich hinter einem Busch und isst einen Apfel. Ein Kern fällt ihr auf den Boden. Langsam fängt sie an zu dösen, als ihr plötzlich ein merkwürdiger Baum auffällt … .

1. Auch du kannst diesen Baum hier sehen. Auf ihm wachsen statt Äpfel lauter Schilder. Ein Windstoß hat sie allerdings etwas durcheinandergebracht, sodass Tina die einzelnen Bestandteile erst wieder zusammensuchen muss. Hilf ihr, die Schilder zu ergänzen, indem du den Kasus der im Text unterstrichenen Wörter bestimmst und an eine passende Stelle auf den Schildern einträgst. Jeweils zwei Wörter lassen sich so zu einem zusammengesetzten Substantiv sinnvoll verbinden. Diese beschreiben dir dann, was Tina bei ihrem Ausflug in den Zauberwald alles findet.

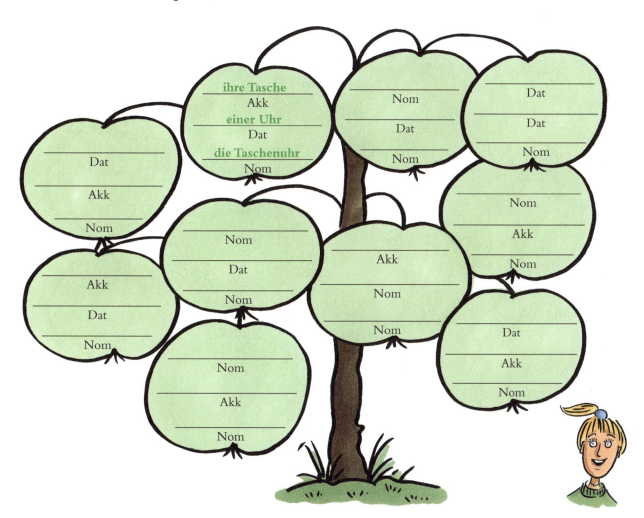

Grammatik

2. Um eine Reise in den Zauberwald zu machen, muss Tina einiges mitnehmen. Damit sie die konkreten Dinge, die sie mitnehmen will, auch schnell wiederfinden kann, will sie sie alle zusammen in einen Koffer packen. Die abstrakten Gefühle und Gedanken dagegen kann sie nur in ihrem Kopf mitnehmen. Hilf ihr beim Sortieren, indem du die Substantive auf ihrem Notizzettel entsprechend einsortierst. Schreibe sie dabei mit ihrem Artikel auf.

- Taschenmesser
- Verstand
- Mut
- Zuversicht
- Kompass
- Apfel
- Schlafsack
- Fröhlichkeit
- Neugier
- Käsebrot
- Wanderschuhe
- Idee

Grammatik

3. Bestimme im folgenden Text die unterstrichenen Substantive nach Numerus und Kasus. Zu jedem Wort findest du ein Puzzleteil, das du entsprechend anmalen sollst, sodass ein Muster entsteht.

Im Land der Riesen

Ein Riese [1] hat wenig Interesse [2] an anderen Riesen. Meistens wohnt er alleine im Wald [3] mit den Wildschweinen [4] als einzigen Freunden. Das Schreien der Eule [5] in der Nacht hört er gerne oder das Knistern [6] des Holzes [7], wenn er Feuer [8] macht.
Wenn er nach einem langen Tag nach Hause kommt, zieht er erst einmal seine Schuhe [9] aus, legt die Beine [10] hoch und freut sich. Wenn er sich ein bisschen ausgeruht hat, freut er sich über den Duft [11] des Grases [12] vor der Tür und denkt darüber nach, was er sich zu essen kochen wird. Beim Uhu [13], seinem Freund, oder bei den Hirschen [14] schaut er gerne vorbei oder denkt an die Ameisen [15] und legt ein paar Brotkrumen vor die Tür.

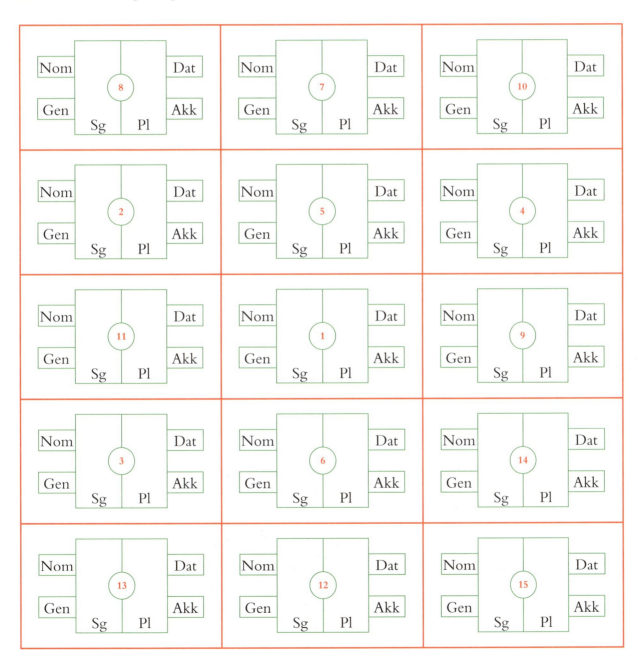

Grammatik

4. Tina ist im Zauberwald auf eine merkwürdige Truhe gestoßen, die sie unter einer Wurzel gefunden hat. Um die Truhe zu öffnen, muss sie aber den Code knacken, indem sie die Tabelle vervollständigt und dabei eine Regelmäßigkeit in der Anordnung der Substantive feststellen kann. Diese Regelmäßigkeit ergibt die Zahl, mit der Tina das Schloss öffnen kann. Kannst du ihr wieder helfen?

	Singular		Plural
Die	Katze		
		Die	Tische
	Feuer		
	Blume		
			Taschen
	Glut		
			Beispiele
	Freund		
	Wetter		
			Männer
	Räuber		
	Schnee		
	Geist		
			Burgen
	Regen		
			Banken
	Schatz		
Das	Vieh		

Na, mit welcher Zahl kann Tina die Truhe öffnen? _____

Grammatik

Adjektive

Die alte Ritterburg der Froschsteins

Mitten im dunklen Wald liegt die alte Burg der Ritter vom Froschstein. Heute ist sie eine verfallene Ruine, aber vor 500 Jahren war da eine Menge los: Eine breite Mauer und ein gefährlicher Wassergraben umgaben die Burganlage, in die man durch ein großes Holztor gelangen konnte. Die tapferen Ritter und die edlen Burgfräulein lebten zufrieden und glücklich in ihrer schönen und großen Burganlage mit dem tiefen Brunnen, den unheimlichen Geheimgängen, der großen Burgküche, aus der es immer nach leckerem Essen roch. Dort lebte auch der freundliche Ritter Frido vom Froschstein.

Er war der Burgherr und veranstaltete manchmal bunte Feste. Dann kamen viele eifrige Händler mit ihren interessanten Waren, lustige Sänger und Musiker und allerlei andere Gäste, die für ein gelungenes Fest sorgten.
Manchmal erschraken die Gäste ein bisschen, denn natürlich hat so eine alte Burg auch einen guten Geist, und wenn der auftauchte, wurden einige der Gäste ein wenig nervös.

1. Unterstreiche alle Adjektive im Text. Schreibe dann die erste Hälfte der Geschichte so um, dass die Burg zur berühmtesten Burg des Mittelalters wird, verwende also immer den Superlativ.

Grammatik

2a. Setze im Bild unten die passenden Adjektive und Artikel zu den Substantiven ein.

2b. Forme dann den Satz so um, dass das Adjektiv nicht mehr direkt beim Substantiv steht (attributiver Gebrauch), sondern beim Verb (prädikativer Gebrauch).

Vorher: die alte Burg   Jetzt: Die Burg ist alt.

_____   _____

_____   _____

_____   _____

_____   _____

_____   _____

_____   _____

Grammatik

Adverbien

1. Finde in folgendem Text die Adverbien. Unterstreiche sie im Text und ordne sie dann in die Tabelle ein. Tipp: Die Zahl in der Tabellenspalte gibt jeweils an, wie viele Adverbien der Art du im Text finden solltest.

Die Reise des kleinen Maulwurfs

Ein kleiner Maulwurf wollte einmal eine Reise machen, weil er es satt hatte, immer unten im gleichen Erdhügel zu wohnen. Dort kannte er jede Erdkrume, jeden Wurm und jeden Stein. Deshalb packte er alle seine Sachen, seinen karierten Schlafanzug, seine Zahnbürste und seine Sonnenbrille in eine große Tasche, wühlte sich aus der Erde und marschierte los. „Heute ist mein Glückstag. Es war ein sehr guter Entschluss zu gehen", freute er sich.
Der Bahnhof befand sich auf einer kleinen Waldlichtung. Da warteten eine Menge anderer Tiere. Hoffentlich reicht der Platz, dachte der Maulwurf und wollte sich augenblicklich eine Fahrkarte für den Libellenexpress kaufen.
„Achtung, Achtung, hier spricht der Bahnhofsvorsteher. Der nächste Express ist bald voll, daher können wir keine weiteren Fahrkarten ausgeben. Wenn Sie Zeit haben, machen Sie sich heute einen schönen Tag in der Stadt oder gehen Sie heim und kommen Sie morgen wieder."
„Schade, jetzt habe ich mich so gefreut! Deswegen bleibe ich vorerst da und warte. Manchmal hat man mehr Glück als Verstand!", dachte sich der Maulwurf. Und kaum fünf Minuten später hatte eine Libelle den Rücken frei, er durfte aufsteigen und los ging es mit seiner Reise. „Flieg erst ein bisschen nach rechts, dann nach links, sodass wir irgendwohin kommen, wo es schön ist."

Adverbien des Ortes (Lokal) 8	Adverbien der Zeit (Temporal) 10	Adverbien der Art und Weise (Modal) 4	Adverbien des Grundes (Kausal) 3

Grammatik

Pronomen

Personalpronomen

1. Räuber versuchen, den sagenhaften Goldschatz zu finden. Aber du bist schneller und kannst ihn vor ihnen retten, indem du die hervorgehobenen Substantive der folgenden Sätze durch Personalpronomen ersetzt und diese an passender Stelle in die Tabelle einträgst. Bereits vorhandene Personalpronomen kommen ebenfalls in die Tabelle. Dazu trägst du jeweils die Zahlen, die hinter den hervorgehobenen Wörtern stehen, ein. Wenn du dann für die einzelnen Spalten die Summe errechnest, erfährst du, in welchem Zimmer des Kellers das Gold versteckt ist: Natürlich in der Kammer mit der höchsten Summe.

Die Räuber nehmen **die vergilbten Bücher** [15] vom Schrank. Sie erinnern sich **des vielen Goldes** [23], das sie beim Ritter schon gesehen haben. Ein starker Räuber hilft **seinem kleineren Kumpan** [12], das obere Regal hochzuklettern. Die Spinnen erschrecken **den Räuberhauptmann** [4], als er sich gegen die Tür lehnt. „Mensch, lasst **mich** [34] bloß in Ruhe, **ich** [8] will nicht gebissen werden von **euch** [25]!" „Nun lass **uns** [52] doch mal endlich suchen, so sicher kann man **das viele Gold** [7] doch gar nicht verstecken!", sagt sein Freund, der alte Pirat. Pit und Paul stöbern in **einer Kiste** [6] herum, aber auch hier gibt es nur altes Geschirr und Kleider, die sie gleich anziehen. „Wenn **ihr** [41] euch nicht benehmen könnt, müsst ihr hier den Boden aufwischen, um unsere Spuren zu verwischen!", schimpft **der Hauptmann** [19]. „Mensch Hauptmann, **du** [3] musst doch nicht gleich so mit **uns** [18] schimpfen. Schließlich arbeiten **wir** [2] hier auch mit, oder? Wir helfen **dir** [82] ja auch gleich wieder." Plötzlich hören **die Räuber** [37] Lärm von oben aus der Burg. „Kommt, **mir** [62] wird mulmig, es ist Zeit, abzuhauen!", ruft der Hauptmann aufgeregt.

Kasus	Singular					Plural		
	1.	2.	3.			1.	2.	3.
Nominativ			sie 50	es 90				
Genitiv	meiner 3	deiner 28	seiner 35	ihrer 10		unser 41	euer 38	ihrer 61
Dativ				ihm 40				ihnen 18
Akkusativ		dich 9	sie 17				euch 29	
Summe:								

Grammatik

Possessivpronomen

Tante Käthe, die beste Zauberin in unserer Familie, ist ein wenig durcheinander. Sie möchte für meine Eltern einen Zaubertrank brauen. Dazu braucht sie von ihren Haustieren und ihren Verwandten eine Reihe von Zutaten. Das Zinkpulver meiner Mutter vermischt sie mit ihrem Haferbrei, die Haare ihrer Katze sind ebenso wichtig wie mein Glücksstein und deine Zimtsterne. Onkel Werner muss die Fransen seiner Lederjacke abschneiden und Tante Klara in ihrem Garten nach Robbenzähnen graben. Allerdings kennt Käthe die Reihenfolge der Zutaten nicht mehr und so muss sie uns zuhause anrufen. Sie spricht mit meiner Mutter: „Sag mal, Waltraud, kannst du schnell mal in eurem Kochbuch nachschlagen? Ich glaube, dein Mann hat die zweite Hälfte des Rezepts zwischen den Seiten 8½ und 8¾ versteckt." „Das ist doch typisch. Die Männer in unserer Familie haben einfach einen merkwürdigen Humor. Neulich erst wollte er seinen Hut zum Nachtisch essen." „Kannst du mir das Rezept in deinem Zauberschlitten vorbeibringen, sonst wird es nichts mit unserem Familiengebräu." Zum Glück hat Tante Käthe ja ihre Familie und so wurde es doch noch was mit dem ?????.

1. Um den Namen des Zaubertrankes herauszufinden, musst du alle Possessivpronomen im Text finden und ihren Kasus bestimmen. Kreuze dazu in der Reihenfolge ihres Auftretens den Kasus im Lösungskasten an. Die angekreuzten Buchstaben ergeben den Namen.

Lösungskasten:

Nominativ	A	I	T	M	K	V	X	N	M	G	U	Z	F	P	Ü	L	M	J	S
Genitiv	K	S	Z	E	O	Z	E	Ä	R	I	R	S	C	U	T	T	P	Q	M
Dativ	P	P	O	N	T	M	I	E	W	Ö	S	C	H	B	U	W	S	C	I
Akkusativ	G	R	U	H	E	Q	Ü	T	A	P	T	H	L	K	R	N	Ü	A	H

Lösungswort:

Tante Käthe hat einen _____ gebraut.

Grammatik

Präpositionen

1. Setze aus der Kiste die richtigen Präpositionen ein und unterstreiche das Wort, dessen Kasus durch die Präposition regiert wird. Trage in die Klammern G für Genitiv, D für Dativ und A für Akkusativ ein, je nachdem, in welchem Fall das Wort jeweils steht.

Das Sportfest im Wald

Einige Waldbewohner veranstalten _____ der Nacht ( ) ein Sportfest _____ die Gesundheit ( ). Dabei machen alle Tiere etwas Besonderes. Glühwürmchen glühen _____ des Regens ( ), um alles zu beleuchten. Rehe müssen _____ der Baumgrenze ( ) fliegen, während die Hirsche _____ den Fliegenpilzen ( ) trommeln dürfen. Elche dagegen sollen _____ die Wurzeln ( ) der Bäume kriechen und dabei laut singen. Gleichzeitig sollen die Eule und der Uhu _____ der Lichtung ( ) Walzer tanzen. _____ der vielen Bewohner ( ) sind die Waldwege gesperrt. Nur die Bären nutzen die Zeit _____ in den Morgen ( ) hinein, um viel Honig zu naschen. Der Borkenkäfer darf _____ dem Marienkäfer ( ) _____ einem Ast ( ) sitzen und _____ des ganzen Festes ( ) schaukeln.

Präpositionenkiste:

auf – auf – auf – bis – für – in – mit – oberhalb – trotz – unter – während – wegen

Grammatik

Verben – Teil I

In diesem Kapitel begegnest du Hugo Hundt. Hugo Hundt ist Detektiv. Er hat sich um den Titel „Spürhund des Jahres" beworben, der dem Sieger eines Wettbewerbs verliehen wird. Beim Lösen der insgesamt fünf Aufgaben darf er mit einem seiner Assistenten zusammenarbeiten. Schlüpfe in die Rolle seiner Assistentin/seines Assistenten und hilf ihm dabei, den Wettbewerb zu gewinnen.

1. Ihr erhaltet einige Papierschnipsel, auf denen Wörter stehen. Aus diesen müsst ihr die Verben heraussuchen und deren Anfangsbuchstaben zu einem Lösungswort richtig zusammensetzen. Das Lösungswort ergibt ein „Arbeitsgerät" eines Detektivs.

Lösungswort:

Grammatik

2. Nun müsst ihr ein Kreuzworträtsel lösen. Suche dazu die Vollverben aus den Sätzen heraus und trage sie im Infinitiv in das Kreuzworträtsel ein. Beachte dabei Groß- und Kleinschreibung. Diese Aufgabe ist etwas schwieriger als die erste, denn du musst hier beachten, dass es Verben gibt, die in konjugierter Form einen Teil von sich abspalten.
Beispiel: *auflösen* ⟶ *Das Puddingpulver löst sich durch Umrühren auf.*

waagerecht

5 Bei der Aufgabe kam 75 heraus.
7 Bei dem Sturm fielen alle Bäume um.
10 Nach dem stressigen Tag erholte er sich bei einem Bad in der Wanne.
12 Katharina hat die Wette gegen Johanna verloren.
14 Da hattest du aber Glück im Unglück.
15 Morgen wird unsere Mannschaft bestimmt gewinnen.
16 Spielst du Memory mit mir?
17 Wir waren lange gewandert.

senkrecht

1 Mit Füller schrieb Max schöner als mit Kugelschreiber.
2 Lange haben wir für dieses Spiel trainiert.
3 Nach ihren bisherigen Ermittlungen vermutet die Polizei Brandstiftung.
4 Beim Sprung vom Fünfmeterbrett war Jakob mutig.
6 Tine schlief den ganzen Sonntagvormittag.
8 Ausgelassen trabten die Pferde über die Weide.
9 Tine bietet mir ein Hustenbonbon an.
11 Worüber lacht ihr?
13 Beeilt euch ein bisschen!

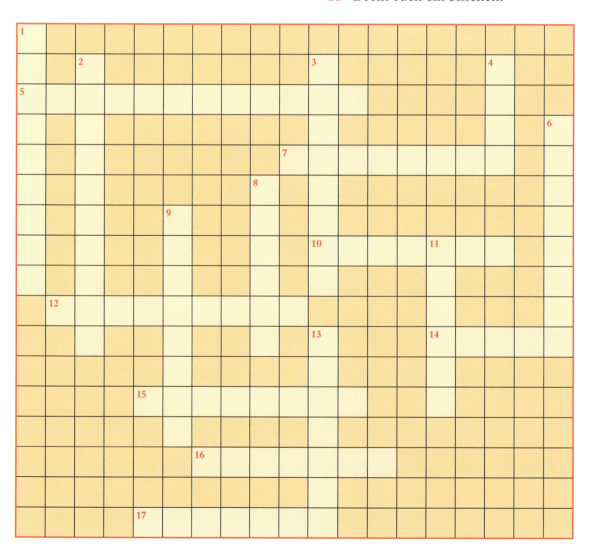

Grammatik

3. In der dritten Aufgabe wird Hugos Kombinationsgabe getestet. Dazu wird ihm ein Tonband vorgespielt, auf dem eine Einbrecherbande zu hören ist. Leider gibt es immer wieder Hintergrundgeräusche, die einzelne Wörter unverständlich machen. Hugo muss jeweils die passenden Verben aus dem Verbenspeicher heraussuchen und im Imperativ einsetzen. Hilf ihm dabei und beachte Groß- und Kleinschreibung! Die Anzahl der Striche entspricht jeweils der Buchstabenzahl.

Pst, _ _ _ _ _ _ nicht so laut!

Tilli, _ _ _ _ _ _ _ mir beim Öffnen des Safes!

_ _ _ _ _ _ _ _ _ _, dass ihr nichts umwerft!

_ _ _ _ _ nicht andauernd, ihr weckt noch die Nachbarn!

Ede, _ _ _ _ _ _ _ _ _ nicht wieder unser Werkzeug!

_ _ _ _ _ _ nach dem Schmuck!

_ _ _ _ _ _ _ auch die chinesische Vase _ _ _ _ !

_ _ _ _ _ _ _ schon mal die Stereoanlage zum Auto!

Kuno, _ _ _ _ _ nicht die Salzstangen! _ _ _ _ _ _ lieber mit _ _ _ ! Der Fernseher ist schwer.

Hier spricht die Polizei! _ _ _ _ _ _ _ Sie die Hände _ _ _ _ _ _ und _ _ _ _ _ _ _ Sie sich nicht!

Verbenspeicher:

tragen – helfen – hochnehmen – anpacken – essen – sein – suchen – vergessen – bewegen – aufpassen – mitnehmen – reden

Grammatik

4. In dieser Aufgabe wird geprüft, wie gut Hugo mit seinen Kunden umgehen kann. Erkennt er ihre Wünsche, Ansprüche, …? Er muss dazu in den folgenden Kundenaussagen die passenden Modalverben einsetzen.

Diese Aufgabe fällt Hugo schwer. Zum Glück kann er seine Lösung vor der Abgabe kontrollieren. Er muss dazu die Stelle suchen, an der der Anfangsbuchstabe des eingesetzten Wortes im Alphabet steht. Alle diese Stellen in der Reihenfolge der Sätze aneinandergehängt ergeben die Zahl dreizehn Milliarden hundertelf Millionen dreihunderteinundvierzigtausend neunhundertdreiundzwanzig.

1) „Sie _____ den Dieb unbedingt ausfindig machen!"

2) „_____ Sie die französische Sprache verstehen? Der Mann, den ich suche, ist nämlich Franzose."

3) „Nehmen Sie am besten etwas Hundekuchen auf die Suche mit. Den _____ mein Hund nämlich am liebsten."

4) „Sie _____ zur Unterstützung Ihre Assistentin mitnehmen. Wir werden Ihnen die entsprechenden Unkosten erstatten."

5) „Sie _____ aber zur Sicherheit besser ein paar Beweisfotos schießen."

6) „Bitte begleiten Sie mich einige Tage, damit ich herausfinde, wer mich beschatten lässt. Ich _____ mich nicht länger verfolgt fühlen."

Modalverben:

> mögen – sollen – dürfen – wollen – müssen – können

Bei den letzten beiden Aufgaben musst du als Hugos Assistent/Assistentin kräftig mithelfen, denn die Bestimmung und Bildung von Zeitformen ist ihm schon in der Schule schwer gefallen.

5. Ein Puzzle muss richtig zusammengesetzt werden, indem den Verbformen auf der linken Seite die richtigen grammatischen Bestimmungen von der rechten Seite zugeordnet werden.

Die Ausschneidevorlage für das Puzzle findest du im Lösungsheft auf Seite 1. Schneide die Puzzleteile einzeln aus und klebe sie auf die passende Stelle im Lösungsfeld. Es erscheint ein Bild, wenn du alles richtig zugeordnet hast.

1 ich bin gegangen
2 wir schliefen
3 ihr hattet gespielt
4 du wirst gesungen haben
5 sie rufen
6 er wird laufen

a 3. Person Plural Präsens
b 1. Person Plural Futur I
c 3. Person Singular Präsens
d 1. Person Singular Perfekt
e 1. Person Plural Präteritum
f 2. Person Singular Futur II

Grammatik

 7 du warst eingeschlafen
 8 es hatte gestunken
 9 wir werden lesen
10 ihr kauftet
11 sie werden berichtet haben
12 es ist geschmolzen
13 sie probt
14 du rittest
15 wir hatten gehört
16 ihr habt ferngesehen

g 2. Person Plural Perfekt
h 1. Person Plural Plusquamperfekt
i 3. Person Plural Futur II
j 3. Person Singular Perfekt
k 2. Person Plural Plusquamperfekt
l 2. Person Singular Präteritum
m 3. Person Singular Futur I
n 2. Person Plural Präteritum
o 2. Person Singular Plusquamperfekt
p 3. Person Singular Plusquamperfekt

1	2	3	4
5	6	7	8
9	10	11	12
13	14	15	16

Grammatik

Verben – Teil II

1. Suche aus dem folgenden Text alle Partizipien heraus und bestimme sie, indem du sie in die richtige Spalte der Tabelle einträgst. Ergänze anschließend in der Tabelle die fehlenden Formen.
Ob du alle Partizipien gefunden und richtig bestimmt hast, kannst du prüfen, indem du im Lösungskasten deine Lösungen der Reihenfolge nach dünn mit Bleistift ankreuzt und die Punkte im Lösungsbild in der Reihenfolge der Aufgaben verbindest.

Eine aufregende Schatzsuche

In den letzten Sommerferien haben Marion, Paul und Lisa ein Abenteuer erlebt. Beim Stöbern auf dem Dachboden seiner Großeltern hatte Paul eine von Hand gezeichnete alte Karte entdeckt. „Schaut mal, die Karte weist auf einen im Wald versteckten Schatz hin", informierte Paul jubelnd seine beiden Freundinnen. Diese stimmten allerdings nur zögernd Pauls Vorschlag zu, den Schatz zu suchen. Paul hatte sich nämlich überlegt, dass der Schatz von ihnen wegen der vielen Spaziergänger wohl nur im Dunkeln gesucht werden könnte.
Einige Tage später war es so weit. Ausgerüstet mit Spaten, Kompass und Taschenlampen machten sich die drei auf den Weg. Plötzlich trat Lisa auf einen Zweig, der krachend zerbrach. „Pass doch auf!", rief Paul mit vor Angst zitternder Stimme. „Ich habe mich bei dem lauten Knall zu Tode erschreckt!" Marion musste beim Anblick seiner schlotternden Knie zwar lachen, doch auch sie fand es unheimlich, so ganz allein im nächtlichen Wald.
Flüsternd gingen die drei weiter, bis sie einen schon etwas verwitterten Meilenstein erreichten. ...

Infinitiv	Partizip I	Partizip II

Grammatik

Lösungskasten:

Partizip I	A5	D4	D5	F5	G3	H1	H4	J9	J3	A3	H9	E6	A2	C6	C7	A4
Partizip II	A4	C3	C4	E2	E4	D3	A1	J4	J6	H6	A8	F6	E8	C9	C8	A5

Lösungsbild:

	1	2	3	4	5	6	7	8	9	10
A	·	·	·	·	·	·	·	·	·	·
B	·	·	·	·	·	·	·	·	·	·
C	·	·	·	·	·	·	·	·	·	·
D	·	·	·	·	·	·	·	·	·	·
E	·	·	·	·	·	·	·	·	·	·
F	·	·	·	·	·	·	·	·	·	·
G	·	·	·	·	·	·	·	·	·	·
H	·	·	·	·	·	·	·	·	·	·
I	·	·	·	·	·	·	·	·	·	·
J	·	·	·	·	·	·	·	·	·	·

2. Setze in die Fortsetzung der Geschichte in die Leerstellen passende Partizipien ein. Die Infinitive der einzusetzenden Verben findest du in der Verbenkiste auf Seite 50.
Bestimme auch die eingesetzten Partizipien. Kreuze dazu jeweils dünn mit Bleistift die entsprechende Zahl im Lösungskasten an. Sie gibt eine Stelle im Alphabet an. In der Reihenfolge der Einsetzungen ergeben die an diesen Stellen stehenden Buchstaben einen Lösungssatz.

... Dieser Meilenstein war der erste auf der Karte _____

Anhaltspunkt. „Das hat ja schon mal super _____. Nun müssen

wir 125 Schritte gen Westen gehen, dann einem _____ Pfad

bis zu einem Wasserlauf folgen und dort – die Anweisungen eines Hinweisschildes für Wanderer

_____ – einen besonders alten und großen Baum suchen",

teilte die die Karte _____ Lisa ihren Freunden

_____ mit. Fröhlich _____

gingen die drei weiter. Sie fanden alles so vor, wie es in der Karte

_____ gewesen war.

Als sie jedoch an der auf dem Schild _____ Stelle

_____ waren, mussten sie

_____ feststellen, dass dort kein Baum stand. „Bestimmt

Grammatik

ist er _____ worden oder bei einem Sturm _____", meinte Marion mit zuversichtlich _____ Stimme. „Lasst uns einfach trotzdem hier graben."
Trotz seines _____ Gesichtsausdrucks stimmte Paul schließlich zu. Ihm war auch keine bessere Lösung _____.
Und tatsächlich – mit vom langen Graben vor Anstrengung _____ Gesichtern konnten sie am Ende stolz auf eine Kiste herabschauen. Nachdem sie diese _____ und ihren Inhalt _____ hatten, schauten sie sich herzhaft _____ an.
Darin lag ein von Hand _____ Zettel, auf dem stand: ...

Was auf dem Zettel stand, verrät dir der Lösungssatz!

Verbenkiste:

öffnen – verzeichnen – markieren – überraschen – einfallen – abholzen – lachen – winden – studieren – klappen – beachten – zweifeln – stimmen – schreiben – aufregen – beschreiben – röten – erblicken – klingen – ankommen – umfallen

Lösungskasten:

	Lücke																				
	1	2	3	4	5	6	7	8	9	10	11	12	13	14	15	16	17	18	19	20	21
Partizip I	1	10	2	5	3	26	24	6	17	20	21	1	3	13	1	22	23	7	8	16	3
Partizip II	7	12	21	17	19	11	23	21	14	19	3	8	15	15	17	21	14	4	15	15	1

Lösungssatz:

Grammatik

Verben – Teil III

1. Unterscheide im folgenden Text zwischen Aktiv- und Passivsätzen. Unterstreiche dazu Verbformen im Aktiv grün und solche im Passiv rot. Kreuze dann im Lösungskasten für jeden einzelnen Satz an, ob er im Aktiv oder Passiv steht, und verbinde die Punkte im Lösungsbild in der Reihenfolge der Sätze.

Die Geschichte der Seeräuberei

 Seeräuber überfallen auf See Schiffe, berauben und plündern sie. Sie werden auch als Piraten bezeichnet. Seit Beginn der Seefahrt schon gibt es solche Piraten.
Bereits in der Antike wurden griechische und römische Handelsschiffe von Seeräubern heimgesucht.
Im Mittelalter kam der Piraterie eine zusätzliche neue Bedeutung zu. Regierungen im Kriegszustand stellten damals sogenannte Kaperbriefe aus. Die Kaperbriefe wurden privaten Schiffsbesitzern übergeben. Diese durften dann feindliche Handelsschiffe überfallen und berauben.
Als Blütezeit der Piraterie wird in etwa die Zeit von 1690-1750 angesehen. In dieser Zeit breitete sich die Seeräuberei mit der Ausdehnung des Handels zwischen Europa, Afrika und den amerikanischen Kolonien am stärksten aus.
1856 wurde in Paris das Ausstellen von Kaperbriefen durch einen Vertrag zwischen den meisten großen Seemächten offiziell verboten. Dennoch wurde in den beiden Weltkriegen des 20. Jahrhunderts erneut Kaperei im Seekrieg verwendet.
Heute gibt es noch Piraterie in Teilen Südostasiens. Dort werden mitunter Schiffsladungen bei Überfällen gestohlen oder auch Menschen zwecks Lösegelderpressung entführt.

Lösungskasten:

	Satz													
	1	2	3	4	5	6	7	8	9	10	11	12	13	14
Aktiv	E1	A5	D4	C7	A4	C4	B7	A4	G6	E4	F5	D2	G3	F3
Passiv	D1	E4	D2	D7	A2	B1	C2	G2	D4	F4	E7	G5	D4	E1

Lösungsbild:

	1	2	3	4	5	6	7
A	·	·	·	·	·	·	·
B	·	·	·	·	·	·	·
C	·	·	·	·	·	·	·
D	·	·	·	·	·	·	·
E	·	·	·	·	·	·	·
F	·	·	·	·	·	·	·
G	·	·	·	·	·	·	·

Grammatik

2. Die im folgenden Text kursiv gedruckten Sätze sollen ins Passiv gesetzt werden. Unterstreiche zunächst in diesen Sätzen das Akkusativobjekt. Entscheide beim Umformen ins Passiv jeweils, ob es sinnvoll ist, den Handlungsträger des Aktivsatzes im Passivsatz zu nennen oder nicht.
Zur Kontrolle deiner Lösungen enthält der Kasten unter dem Text alle vorkommenden Akkusativobjekte, allerdings durcheinandergewürfelt und gespiegelt. Wenn du einen Spiegel an das rechte Ende eines solchen Objektes hältst, kannst du in ihm die Wörter lesen. Außerdem kannst du mithilfe des Lösungskastens überprüfen, ob deine Entscheidung, den Handlungsträger zu nennen oder nicht, richtig war. Füge dazu die deiner Entscheidung entsprechenden Buchstaben zu einem Lösungswort zusammen. Es ergibt sich ein auf einer Piratenfahne typisches Symbol.

Das Leben als Pirat

Der Alltag an Bord eines Piratenschiffes war hart und mühsam. *Tagsüber mussten die Piraten Segel setzen und einholen und Beschädigungen am Schiff reparieren. Außerdem musste man vom Ausguck fremde Schiffe erspähen.* Bei rauer See froren die Piraten, *weil überschwappende Wellen sie durchnässten.* Nachts schliefen sie unter Deck. Dort war es eng, die Luft unerträglich schlecht und es wimmelte von Ungeziefer. Auch die Ernährung an Bord war sehr einseitig. Die Piraten aßen fast nur Schiffszwieback und Trockenfleisch. *Manchmal nahmen sie zur Abwechslung Hühner mit an Bord.* Würmer verunreinigten das an Bord mitgenommene Wasser schnell. So tranken die Piraten meistens Alkohol. Aufgrund der schlechten hygienischen Bedingungen und der vitaminarmen Nahrung erkrankten viele Piraten. Medizinische Betreuung und Medikamente gab es an Bord fast nie. *Im Kampf verletzte Gliedmaßen „amputierte" in der Regel der Schiffszimmermann ohne Betäubung.*
Oft warteten die Piraten wochenlang auf ein Schiff, das sie überfallen konnten. *Bei einer Kaperung erbeuteten sie hauptsächlich Gewürze, Alkohol und Waffen, aber auch Sklaven. Die Beute verkauften die Piraten in den Hafenstädten. Den Erlös teilte die Mannschaft nach strengen Regeln untereinander auf.*
Die Wartezeit zwischen den einzelnen Überfällen war für die Piraten oft langweilig. Dann vertrieben sich die Piraten mit Würfel- und Kartenspielen sowie mit Rumtrinken die Zeit. Häufig kam es dabei aber zu Streitereien und Handgreiflichkeiten. Deshalb einigten sich die Mannschaften oft vor Reisebeginn auf strenge Regeln. *Darin untersagten sie zum Beispiel das Glücksspiel.*

Akkusativobjekte:

– Im Kampf verletzte Gliedmaßen – Segel – Hühner – das Glücksspiel
– Gewürze, Alkohol und Waffen, aber auch Sklaven – der Erlös – fremde Schiffe
– Beschädigungen am Schiff – die Beute – sie

Lösungskasten:

	Passivsatz								
	1	2	3	4	5	6	7	8	9
Mit Nennung des Handlungsträgers	A	L	K	M	T	H	U	E	R
Ohne Nennung des Handlungsträgers	F	O	I	N	S	P	O	C	T

Lösungswort:

Grammatik

3. Ein Puzzle muss richtig zusammengesetzt werden, indem den Verbformen auf der linken Seite die richtigen grammatischen Bestimmungen von der rechten Seite zugeordnet werden.
Die Ausschneidevorlage für das Puzzle findest du im Lösungsheft dieses Arbeitsheftes auf Seite 3.
Schneide die Puzzleteile einzeln aus und klebe sie auf die passende Stelle im Lösungsfeld. Dafür musst du dir die Lösungsfelder von dieser Seite noch einmal in Originalgröße auf ein Extrablatt zeichnen.
Es erscheint ein Bild, wenn du alles richtig zugeordnet hast.

1 ich werde verfolgt
2 wir werden gesehen worden sein
3 ihr wart gefunden worden
4 du bist gerufen worden
5 sie wurden gewarnt
6 er wird verstanden werden
7 du warst beachtet worden
8 es wurde gegessen
9 wir werden gelobt werden
10 ihr wurdet gehört
11 sie werden probiert
12 es ist verschenkt worden
13 sie wird bestraft
14 du wirst bestätigt werden
15 wir waren überfallen worden
16 ihr seid interviewt worden

a 3. Person Plural Präteritum
b 1. Person Plural Plusquamperfekt
c 3. Person Singular Präteritum
d 2. Person Singular Perfekt
e 2. Person Plural Perfekt
f 3. Person Singular Perfekt
g 2. Person Plural Präteritum
h 1. Person Plural Futur II
i 3. Person Plural Präsens
j 3. Person Singular Futur I
k 2. Person Plural Plusquamperfekt
l 1. Person Singular Präsens
m 2. Person Singular Futur I
n 1. Person Plural Futur I
o 2. Person Singular Plusquamperfekt
p 3. Person Singular Präsens

1	2	3	4
5	6	7	8
9	10	11	12
13	14	15	16

Grammatik

Syntax

Prädikat

1. Suche im folgenden Text alle Prädikate. Umkreise grün alle einteiligen Prädikate und unterstreiche mit einer anderen Farbe alle mehrteiligen Prädikate. Schreibe anschließend die ersten 10 mehrteiligen Prädikate unten in die Tabelle und ordne sie nach finiter und infiniter Verbform.

Mike und Katja allein zuhause

Heute Abend sind Mikes Eltern zu der Geburtstagsfeier seiner Tante Erna eingeladen und er darf ganz alleine, nur mit seiner Schwester Katja, zuhause bleiben. Katja ist 14, also drei Jahre älter als er. „Passt gut auf euch auf, das Abendessen steht auf dem Herd und wenn ihr gegessen habt, vergesst den Abwasch nicht", sagt Mama. „Die Telefonnummer von Tante Erna liegt neben dem Telefon, ihr könnt dort immer anrufen, wenn etwas ist", sagt Papa. Dann gehen sie. Katja will erst einmal in Ruhe telefonieren und kann Mike dazu nicht gebrauchen. Sie schickt ihn auf sein Zimmer, dort soll er spielen. Mike hat dort gestern ein Puzzle angefangen, aber er hat jetzt keine rechte Lust dazu. Viel lieber schenkt er sich in der Küche ein extragroßes Glas Limo ein, was er sonst nicht darf. Dann lenkt er seine Schwester vom Zuhören am Telefon ab, indem er sich vor sie stellt und Grimassen zieht. Sie reagiert aber nicht auf ihn, außer dass sie ihren Hausschuh nach ihm kickt. Er streckt ihr die Zunge raus.
Plötzlich klingelt es. „Wir machen nicht auf, wir sind alleine", sagt Katja. Sie hat den Hörer aufgelegt und ist ganz leise. Aber es klingelt wieder und noch länger am Stück als vorher, außerdem klopft jemand an die Tür. Katja und Mike wird mulmig, denn jetzt fangen die Leute da draußen auch noch an zu rufen. Seltsamerweise kennen sie die Namen von Katja und Mike. „Hallo, wo seid ihr? Macht auf, wir kommen nicht hinein. Wir haben den Schlüssel vergessen und konnten nicht anrufen, weil das Telefon wohl kaputt ist, es kam jedenfalls die ganze Zeit nur das Besetztzeichen …"

Mehrteilige Prädikate	
finiter Prädikatsteil	infiniter Prädikatsteil

Grammatik

Subjekt

1. Im folgenden Text sollst du entscheiden, welche der markierten Wörter oder Wortgruppen Subjekte sind. Unterstreiche sie und übertrage den dazugehörigen Buchstaben in fortlaufender Reihenfolge in den Lösungskasten. Wenn du alle Subjekte richtig erkannt hast, ergibt sich ein Lösungsspruch.

Meinen Freund Paul ᴱ sehe ich ᴾ nur selten. Er ᴬ wohnt nämlich nicht bei mir in der Nähe ᴰ, sondern in einem Nachbardorf ᴹ. Ein Telefon ᶠ haben seine Eltern ᵁ zum Glück. Meistens rufen wir ᴸ uns ᴼ gegenseitig an, wenn wir ᴵ uns ᴳ zum Spielen oder Hausaufgabenmachen treffen wollen oder wir ˢ verabreden uns schon in der Schule ᴮ. Paul ᵀ ruft mich ᴬ auch am Wochenende ˢ an, wenn das Wetter ᴱ schön ist. Dann treffen wir ᴵ uns ᴿ auf dem Feldweg ᵁ zwischen unseren Dörfern. Auf seinem neuen Mountainbike ᴱ ist er ᴺ viel schneller als ich mit meinem alten Klapprad, aber ich ᶠ habe meine Eltern ᴳ schon so oft vergeblich um ein besseres Rad gebeten. Meinen Geburtstag ᴴ nächsten Monat ᵁ werden sie ᴿ ja nicht vergessen haben, vielleicht bekomme ich ᴱ dann ja ein neues Rad ᶜ.
In den Sommerferien ᴴ wollen wir ᵁ zusammen in ein Ferienlager ᴷ. Meiner Mutter ᴸ habe ich ᴺ davon noch gar nichts erzählt, sie ᴰ wird nicht so begeistert sein, aber ich finde, ich bin schon alt genug.

Lösung:

Grammatik

Objekte

1. In den folgenden Textabschnitten über die Familie Überschall fehlen jeweils Objekte. In den Wortspeichern unter den Textabschnitten findest du – nicht in der richtigen Reihenfolge – die fehlenden Satzglieder. Aber Vorsicht: Sie stehen alle im Nominativ und müssen entsprechend dekliniert werden. Entscheide dann für jeden Textabschnitt, welche Art von Objekt jeweils fehlt. Die Frage, die du beim Einsetzen der Objekte stellen musst, wird dir helfen, diese Entscheidung zu treffen.

Abschnitt 1:

Am Morgen spielt Jan Überschall _____ auf CD. Dann geht er zu seiner Schwester, die _____ zum Hausaufgabenmachen braucht. Beide proben dann _____, den sie beim nächsten Familienfest aufführen wollen. Der Vater kocht _____ für alle und zeigt seiner Familie, wie man den Tisch deckt, während die Mutter _____ schreibt. Sie lobt _____, weil er so gut kochen kann, und trägt _____ auf den Tisch.

Wortspeicher:

> ihr neuer Tanz – ihre Briefe – ihr Mann – sein Lieblingslied – er – die Schüssel mit den Kartoffeln – Kartoffeln und Würstchen

Welche Frage stellst du? _____

Welches Objekt fehlt jeweils? _____

Abschnitt 2:

Die Überschalls haben ein Gasthaus. Ihre Kellnerin Susi kümmert sich um _____. Sie achtet sehr auf _____ und richtet die Tische immer fein her. Außerdem fürchtet sie sich vor _____, auch nicht vor _____. Heimlich träumt sie von _____, aber ob sie jemals eines haben wird, das hängt von _____ ab, dass sie es sich gar nicht weiter überlegt. Da denkt sie doch lieber an _____, die eine Imbissbude aufgemacht hat und freut sich über _____, den sie von ihr bekommt.

Grammatik

Wortspeicher:

> der unfreundlichste Gast – so viele Dinge – jeder Brief – ihre beste Freundin – jeder Gast – die äußere Form – niemand – ein eigenes Restaurant

Welche Frage stellst du? _____

Welches Objekt fehlt jeweils? _____

Abschnitt 3

Jan hilft _____ manchmal im Gasthaus. Dann danken _____ die Gäste immer besonders, wenn er _____ die Speisekarte bringt. Aber lieber entkommt er _____, zu viel laufen zu müssen, und stellt sich fußkrank. Das Skateboard in der Ecke des Gasthauses gehört _____, aber das sagt er noch nicht einmal Susi.

Wortspeicher:

> die Gefahr – sein Freund Jürgen – die Kellnerin – er – sie

Welche Frage stellst du? _____

Welches Objekt fehlt jeweils? _____

Abschnitt 4

An manchen Tagen ist im Restaurant viel los. Manchmal muss sich die Kellnerin Susi dann _____ besonders annehmen, weil er gar nicht weiß, was er essen soll oder sie muss ihn sogar _____ verweisen, weil er zu viel getrunken hat und sich nicht benehmen kann. Unglaublich, was alles in so einem Lokal passiert.

Wortspeicher:

> ein Besucher – das Restaurant

Welche Frage stellst du? _____

Welches Objekt fehlt jeweils? _____

Grammatik

2. In den folgenden Sätzen über die Familie Pias sind die Wörter in den kursiv gedruckten Objektspalten durcheinander gerutscht. Ordne sie so an, dass man verstehen kann, was die einzelnen Familienmitglieder gerade tun. Die Satzbaupläne sollen dir helfen.

1	Petra hilft	*von Susanne.*		
2	Tanja riecht	*Monika*		
3	Robert schneidet	*den Schrank*		
4	Opa klagt	*die Haare*		*an*
5	Veronika freut sich	*auf Jutta*	*besonderer Aufmerksamkeit.*	
6	Birgit denkt	*Vater*		
7	Matthias träumt	*an Martin*		
8	Die Nerven meiner Großmutter bedürfen	*die Rosenhecke*		
9	Julia wäscht sich	*an den Blumen*	*des Zeitungsdiebstahls*	

1. Subjekt   Prädikat   Dativobjekt

2. Subjekt   Prädikat   Präpositionalobjekt

3. Subjekt   Prädikat   Akkusativobjekt

4. Subjekt   Prädikat   Akkusativobjekt   Genitivobjekt

5. Subjekt   Prädikat   Akkusativobjekt   Genitivobjekt

6. Subjekt   Prädikat   Präpositionalobjekt

7. Subjekt   Prädikat   Präpositionalobjekt

8. Subjekt   Prädikat   Präpositionalobjekt

9. Subjekt   Prädikat   Genitivobjekt

Grammatik

Adverbiale

1. Diese Aufgabe ist dreigeteilt. Alle drei Aufgabenteile beziehen sich auf einen Teil des Textes „Der Neue" auf den Seiten 59 und 60.

(a) Setze in die Leerstellen des ersten Teils von „Der Neue" auf dieser Seite unten die passenden Adverbiale aus dem Kasten ein und unterscheide lokale, temporale, kausale, modale und instrumentale Adverbiale, indem du nach ihnen fragst. Trage die Art der Adverbiale in die Klammer ein.

(b) Unterscheide im zweiten Teil des Textes auf Seite 60 oben bei den unterstrichenen Adverbialen lokale, temporale, kausale, modale und instrumentale Adverbiale.

(c) Unterstreiche im dritten Teil des Textes auf Seite 60 Mitte lokale, temporale, kausale, modale und instrumentale Adverbiale und bestimme sie.

Der Neue

↓ Du musst also Feld 41 blau ausmalen!

Heute ^{41} (wann? temporal) hatten Jakob und Martin einen fürchterlichen Streit _____ ^{2} (_____). Da war dieser neue Schüler, Kai, gewesen. Frau Walther hatte ihn _____ ^{3} (_____) mitgebracht und vorgestellt.

_____ ^{4} (_____) hatte Kai

_____ ^{5} (_____) gestanden und

_____ ^{6} (_____)

_____ ^{7} (_____) gespielt.

_____ ^{8} (_____) war seine Familie

_____ ^{9} (_____) gezogen und

_____ ^{10} (_____) sollte Kai also

_____ ^{11} (_____) gehen.

_____ ^{12} (_____) hatte Frau Walther sich umgesehen und _____ ^{13} (_____) gesagt: „Lasst uns die freie Einzelbank _____ ^{14} (_____) stellen, dann kannst du dich _____ ^{15} (_____) setzen!"

Einzusetzende Adverbiale:

in der ersten Stunde ^{1} aus Verlegenheit ^{2} suchend ^{3} ~~heute~~ ^{4} ab sofort ^{5} dorthin ^{6} schließlich ^{7} in der Schule ^{8} mit dem Bändel seiner Jacke ^{9} nach Karlsruhe ^{10} ganz verloren ^{11} neben Jakobs und Martins Bank ^{12} wegen der Arbeit seines Vaters ^{13} in ihre Klasse ^{14} da vorne ^{15}

Grammatik

Mit dieser Anordnung hatte der Streit begonnen. Schon bald hatten sich Jakob und der Neue lachend und flüsternd unterhalten. Martin war sich so überflüssig vorgekommen. Dann hatte es geläutet. Martin und Jakob hatten vorgehabt, sich in dieser Pause wegen ihrer Nachmittagspläne abzusprechen. Wie selbstverständlich hatte sich jedoch der Neue an Jakobs Fersen geheftet und die beiden waren fröhlich pfeifend in den Pausenhof geschlendert. In diesem Moment hätte Martin vor Wut platzen können: Jakob war doch sein bester Freund. Stinksauer war er den beiden gefolgt, hatte Jakob mit lauter Stimme angeschrien und dabei mit dem Zeigefinger auf den Neuen gedeutet: „Du kannst mir in Zukunft gestohlen bleiben. Ich suche mir einen anderen Freund, auf den ich mich verlassen kann und der mich nicht wegen eines Milchgesichts hängen lässt." Nach seinem Wutausbruch hatte Martin sich besser gefühlt. Aber im weiteren Verlauf des Vormittags hatte er angefangen nachzudenken und sich wegen seines Verhaltens elend gefühlt. Mit der Straßenbahn war er schließlich allein nach Hause gefahren und hatte sich wegen der fehlenden Begleitung einsam gefühlt.

Nach dem Mittagessen hat Martin einen Entschluss gefasst: Er wird Jakob und Kai anrufen und sich entschuldigen. Er hat eingesehen, dass er aus unbegründeter Eifersucht falsch gehandelt hat. Jakob hatte Kai den ersten Tag an der neuen Schule erleichtern wollen und anstatt das Gleiche zu tun, hatte er, Martin, die beiden beschimpft.

Vor Freude könnte Martin in die Luft springen: Die beiden haben sich gefreut und alle drei haben sich verabredet. Mit dem Fahrrad werden sie in die Stadt fahren, wo Martin und Jakob Kai das ZKM, Karlsruhes berühmtes Zentrum für Kunst und Medientechnologie, zeigen wollen. Glücklich denkt Martin: „Zu dritt werden wir viel Spaß haben!"

Du kannst deine Lösungen selbst kontrollieren, indem du im Lösungsbild die nummerierten Felder in der richtigen Farbe anmalst. Wähle bei **lokalen** Adverbialen die Farbe **Rot**, bei **temporalen** Adverbialen die Farbe **Blau**, bei **kausalen** Adverbialen die Farbe **Grün**, bei **modalen** Adverbialen die Farbe **Braun** und bei **instrumentalen** Adverbialen die Farbe **Gelb**. Hänge bei Aufgabenteil (a) wie im Beispiel vor die Ziffer der Leerstelle die Ziffern der Einsetzung und male die zugehörigen Felder entsprechend an. Ordne bei den Aufgabenteilen (b) und (c) den Adverbialen in der Reihenfolge ihres Auftretens die Zahlen aus dem Lösungskasten zu, markiere sie in der entsprechenden Farbe und male am Schluss die zugehörigen Felder an.

Lösungskasten:

1	43	52	76	85	96	101	117	128	134	149	151	166
271	181	901	202	213	222	178	244	256	194	1666	342	235
299	322	268	136	355	288	888	570	1005	12	363	301	2

Grammatik

Lösungsbild:

lokal: rot
temporal: blau
kausal: grün
modal: braun
instrumental: gelb

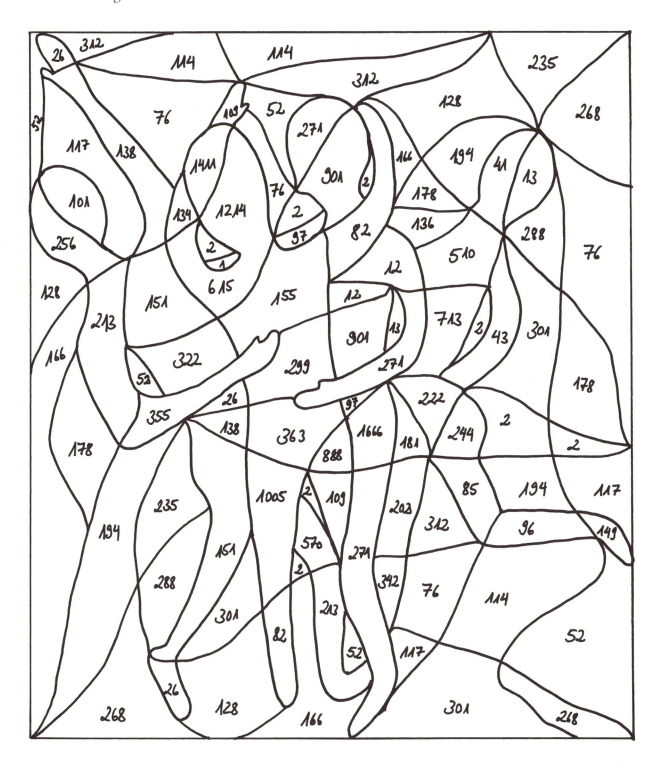

Grammatik

2. Besonders schwer fällt oft die Unterscheidung zwischen präpositionalem Objekt und Adverbial, weil in beiden Fällen Präpositionen eine Rolle spielen. Wie du weißt, ist bei einem präpositionalen Objekt die Präposition sehr eng mit dem Verb verbunden, sodass du beim Infinitiv des Verbs die Präposition automatisch mitdenkst. Deshalb brauchst du bei der Frage nach einem Präpositionalobjekt immer zwingend genau diese Präposition, um die Frage zu stellen.

Entscheide, ob es sich bei der Präpositionalgruppe in den folgenden Sätzen um Präpositionalobjekte oder Adverbiale handelt. Wenn du die Buchstaben, die an der Stelle deiner Lösungszahl im Alphabet stehen, in der Reihenfolge der Sätze zusammensetzt, erhältst du einen Lösungssatz

1. Seit heute besucht Kai Martins und Jakobs Schule.
2. Jakob wartet auf Kai.
3. Deswegen schlägt Martin wütend auf den Tisch.
4. Jakob ärgert sich über Martins Wutausbruch.
5. Kai dagegen springt fröhlich lachend über eine Pfütze.
6. Martin bangt um seine Freundschaft.
7. Er berät sich mit seiner Mutter über eine Lösung des Problems.
8. Martin hofft auf eine Versöhnung.
9. Vor dem Telefonat ist Martin aufgeregt.
10. Er fürchtet sich vor einer ablehnenden Reaktion.
11. Seine Stimmung steigt um 100 Prozent, weil Kai und Martin ihn treffen wollen.
12. Jetzt kümmern sich Jakob und Martin um Kai.

Lösungskasten:

Satz	1	2	3	4	5	6	7	8	9	10	11	12
Präpositionalobjekt	23	1	18	23	21	18	19	16	18	20	15	5
Adverbial	4	5	19	8	1	20	13	2	9	7	26	14

Lösungssatz:

Grammatik

Attribute

1. Du weißt, Attribute sind Zusatzinformationen, die ihre Bezugswörter näher bestimmen. Als Teile von Satzgliedern können sie zwar weggelassen werden, aber dann verlieren Texte meist an Anschaulichkeit, Klarheit und Spannung. Setze in die Leerstellen des folgenden Textes passende Attribute aus dem Kasten auf Seite 64 ein und bestimme ihre grammatische Form.
Du kannst deine Lösung überprüfen, indem du die Lösungsbuchstaben aus dem Lösungskasten in der Reihenfolge der Einsetzungen in der Überschrift verbindest. Du erhältst den vollständigen Titel der Geschichte.

Ein __ __ __ __ __ __ __ __ __ __ __ __ __ __ __ __

in __ __ __ __ e __ __ e __ __ __ __ __ k

In den _____ ¹ Ferien war Anikas Brieffreundin Pia _____ ² zu Besuch. Zur Feier _____ ³ hatte sie sich einen Besuch _____ ⁴ gewünscht. Die _____ ⁵ Autofahrt _____ ⁶ verging wie im Fluge, denn sie hatten sich viel zu erzählen. Als sie ankamen, war der _____ ⁷ Parkplatz _____ ⁸ schon fast belegt. Viele Familien _____ ⁹ standen in _____ ¹⁰ Schlangen an den Kassen _____ ¹¹ an. Endlich waren sie an der Reihe und durften hinein. Gleich zu Beginn fuhren sie mit der _____ ¹² Achterbahn, _____ ¹³. Danach mussten sie sich erst einmal setzen, um ihre _____ ¹⁴ Knie und ihre _____ ¹⁵ Mägen wieder zu beruhigen. Die _____ ¹⁶ Bootstour _____ ¹⁷, _____ ¹⁸, war lustig: Sie saßen in einem _____ ¹⁹ Boot, _____ ²⁰. Diese Schutzmaßnahme war auch nötig, denn mehr als einmal knallten sie gegen _____ ²¹ Hindernisse, die Randbegrenzung _____ ²² und _____ ²³. Zum Glück war _____ ²⁴ Wetter, sodass ihre _____ ²⁵ Kleider in der Wärme _____ ²⁶ schnell trockneten. Sonst hätten die _____ ²⁷ Ausflugsleiter, _____ ²⁸, den Tag

Grammatik

bestimmt für beendet erklärt. So aber hatten sie noch einige _____ 29 Stunden bei _____ 30 Fahrten in _____ 31 Höhen. Am Ende _____ 32 bedankte sich Pia: „Den _____ 33 Tag und den Aufenthalt _____ 34 werde ich so schnell nicht vergessen."

Einzusetzende Attribute:

> aus Köln – anschließende – das rundherum mit Gummi abgepolstert war – steilen – des Tages – langen – dorthin – letzten – deren Abfahrt ihnen ein Gefühl von Schwerelosigkeit gab – runden – riesige – vor dem Eingang – einem durch Pumpen aufgewühlten Wasserkanal – beim Freizeitpark – des Wasserkanals – schlotternden – gutes – wunderschöne – künstliche – aufgewühlten – vor ihnen fahrende Boote – lange – im Freizeitpark – hier – aufregenden – durchnässten – Anikas Eltern – im Wildwasser – mit Kindern – schwindelregende – der Sonne – ihres Besuchs – besorgten – besonderen

Lösungskasten:

	Lücke																
	1	2	3	4	5	6	7	8	9	10	11	12	13	14	15	16	17
Partizip als Attribut	B	F	M	I	A	Z	W	U	E	B	E	E	T	E	R	A	W
Adjektivattribut	E	G	D	U	B	T	I	H	D	E	R	C	G	W	A	E	D
Präpositionales Attribut	R	R	T	E	C	R	N	S	R	X	I	G	J	S	Q	N	U
Apposition	K	I	U	Z	H	E	E	C	B	U	T	R	K	D	W	B	F
Genitivattribut	N	P	L	P	D	I	D	R	N	Z	U	F	L	J	T	V	G
Attributsatz	O	S	N	W	I	M	L	T	E	T	M	D	H	H	U	C	H
Adverb als Attribut	P	H	E	X	M	N	K	U	I	R	N	S	I	G	O	X	J

	Lücke																
	18	19	20	21	22	23	24	25	26	27	28	29	30	31	32	33	34
Partizip als Attribut	W	Q	E	O	E	W	T	N	B	R	O	U	I	T	T	B	E
Adjektivattribut	T	F	F	U	P	S	E	M	U	A	R	Z	E	S	E	A	U
Präpositionales Attribut	P	A	G	I	U	D	N	H	M	S	U	R	T	X	O	V	I
Apposition	S	D	H	E	Z	C	M	K	O	T	I	D	R	Y	I	J	D
Genitivattribut	O	G	J	Q	G	H	U	L	F	C	Z	G	P	W	P	K	T
Attributsatz	L	H	L	W	T	K	I	U	N	H	T	H	U	M	R	U	S
Adverb als Attribut	K	I	K	X	Y	L	O	E	I	S	E	K	J	N	T	E	R